カジノ？ それとも
超大型リゾート？

「IR《統合型リゾート》は」ニッポンを救う！

（シブチン先生）
渋谷和宏
経済ジャーナリスト

マガジンハウス

プロローグ

「ＩＲ」ってカジノなの？

「ずっと気になっていたんですけれど、ＩＲって本当は何なのでしょうか？　僕たちの生活や仕事には何か関係があるのでしょうか？」——。胸に溜めていた疑問を吐き出すように、Ｊ平《じゅんぺい》はＫ子とシブチン先生を交互に見ながら聞きました。

三人はともにビジネス系出版社にかつて勤めていて、今日の昼下がり、ＯＢ懇談会に出席して数年ぶりに再会したのです。

Ｊ平は三十代後半、入社三年目でネット通販などを手がけるＩＴ企業に転職し、今では課長になっています。

Ｋ子は四十代半ば、出産と夫の海外転勤を機に退職した後、帰国して息子が大学に入るまでは子育てにかかりきりでした。

五十代末のシブチン先生は、Ｋ子のビジネス雑誌時代の直属の上司で、数年前に大学教授に転身しています。

「ＩＲ（統合型リゾート）」の〝統合〟ってどういうこと？

「ＩＲと言うと、インベスター・リレーションズのことかな？　企業がインベスターつまり株主や投資家に対して業績や今後の見通しなどを説明する広報活動をＩＲと呼ぶよね」

シブチン先生の答えにＪ平はかぶりを振りました。

「いえ、そちらのＩＲじゃなくて、最近『カジノが解禁される』とか言われているじゃないですか」

「ああ、統合型リゾートのことか。ＩＲとはIntegrated Resort（インテグレイティッド・リゾート）の頭文字をつなげた言葉で、統合型リゾートはその直訳だね。カジノやホテル、国際会議場などを一つのエリアにまとめた施設をそう呼ぶのではなかったかな」

「でも実態はカジノなんですよね？　だったらカジノと呼んだらいいのに……。それにカジノと国際会議場を一緒につくってどんな相乗効果があるのでしょうか。何だか水と油のようにも思えるのだけれど……」

「J平くんはなぜIRがそこまで気になるの?」

「僕の故郷の北海道がIRを誘致しようとしているみたいなんです」

「北海道のどこかね?」

「苫小牧市です。僕が生まれ育った室蘭市とは道央自動車道を使えば一時間ほどの距離ですから、実家から近いんですよ。それで実は室蘭市に住む高校時代の友人から、とても気になるメールをもらったんです。


友人は実家のスーパーを継いだのですが、経営が立ち行かなくなって廃業に追い込まれ、今では契約社員として地元のホームセンターに勤めています。でも非正規で働き続けることに不安を感じていて『東京で正社員として働ける仕事を探そうかとも考えているので、相談に乗ってくれないか』と言うんです。

友人はさらにこうも書いてきました。『近い将来、苫小牧市にIRができるかもしれないと地元で話題になっている。IRができれば地元に新たな仕事がいろいろ生まれるはずだと期待する人がいる一方で、IRとは要するにカジノ、つまり巨大なパチンコ店のようなものだと言う人も少なくない。IRが新しい仕事を生んでくれるのは嬉しいけれど、それがパチンコ店の店員の仕事では転職する気にはなれない。ＩＲについて何か知っていることがあれば教えてくれないだろうか』と」

「なるほど。**『故郷に建設されるかもしれないＩＲとは本当のところ何なのか？　Ｊ平くんの友人や我々の生活、仕事に何か関係があるのだろうか』**というわけか」

シブチン先生はそう言ってうなずき、グラスのウーロン茶を飲み干しました。Ｊ平がすかさずホールスタッフを呼んでウーロン茶のおかわりを頼みます。課長になってもその童顔と気配りは相変わらずです。

「他にもいくつかの自治体が誘致を目指していますよね」

Ｋ子はシブチン先生に聞きました。新聞やテレビの報道によれば、大阪など、ほかにも手を挙げている自治体が複数あったはずです。

シブチン先生は記憶をたぐるような顔をして「大阪府・市、長崎県・佐世保市などが名乗りを上げているね」と答えました。

「大阪府と市は、大阪湾の人工島・夢洲《ゆめしま》での開業を目指しているはずだ。夢洲では二〇二五年に国際博覧会が開催されるので、その前年までの開業を現時点での目標にしているんじゃないかな。IRと万博の二枚のカードで、関西圏の経済を盛り上げようというわけだね。一方の長崎県は佐世保市にあるテーマパークのハウステンボスを中核にしたIRを新たにつくる構想を持っているはずだ」

大阪湾と聞いてK子は感慨深い気持ちになりました。K子は大阪市住吉区に生まれ、銀行員だった父が東京に転勤する三歳まで住吉大社の近くにある社宅で過ごしました。物心がつく前だったので大阪でのことはほとんど記憶にありませんが、父に連れて行ってもらった住吉大社の境内と大阪港の光景はなぜか覚えています。その大阪港がある大阪湾にIRを建設する計画だと言うのです。港の風景は変わるのでしょうか。

国や自治体はなぜ
IRの誘致に動き出したのか

「まだありますよ」

J平がスマホの画面を見ながら言いました。

「新聞記事によると、愛知県は常滑市にある中部国際空港島にIRを誘致しようと考えているそうです。名古屋市の河村たかし市長も誘致に前向きだと伝えられていま す。さらに和歌山県・市も誘致に力を入れていて、『ただちに着工できる環境が整っている』との県の担当者のコメントが紹介されています。そう言えば先日（二〇一九年五月）、和歌山県・市が誘致を目指すＩＲに参画するため、ヨーロッパなどでカジノを経営しているフランスのバリエールグループが、和歌山市に事務所を開いたと日本で記者会見を開いて発表しましたよね。会見には同社のブランド大使となった有名俳優のジャン・レノ氏も出席して、話題になりました」

「どうして自治体が競うように手を挙げているのかしら」

「一つには法律が制定され、制度が整ったからだね」

シブチン先生もポケットからスマホを取り出しました。

「ＩＲ実施法という法律（正式名称は「特定複合観光施設区域整備法」）が二〇一八年七月に成立したんだ。これによって国がＩＲについての基本方針を定め、ＩＲを誘致したい自治体から申請を募ることになったんだよ」

「どうしてそういう法律ができたのかしら」

「ＩＲの誘致を目指す超党派の議員連盟が二〇一〇年に発足したらしい。そこからカジノを解禁するなどの法律制定の動きへとつながっていったようだね」

「いいえ、私が知りたいのは、『**そもそもなぜそんな動きが出てきたか**』なんです。国や自治体はどうしてIRを誘致しようと思い始めたのか。国は自治体には『ぜひそうしたい』『そうしなければならない』理由があるのかしら」

「シブチン先生がさっき言われたように、経済を盛り上げたいからではないでしょうか。その思いは僕にもよくわかりますから」

J平が言いました。

IRは地域経済の推進エンジンになれるのか？

「僕が生まれ育った北海道は経済の落ち込みが本当に深刻なんです。ここ数年、北海道を代表するような工場が次々に撤退していて、二〇一九年三月には石油元売り大手JXTGエネルギーの室蘭製造所が石油化学製品の生産を終えました。二〇二〇年一月には日本製紙が北海道での紙の生産体制を大幅に縮小する予定です。それだけではありません。製造業と並んで北海道の産業の牽引役だった農業や畜産業も、少子高齢化や若い人の道外への人口流出によって担い手が減り、廃業が相次いでいるんです」

「働き手の減少が深刻なのね」

J平はうなずきました。

「ショッキングな数字があります。このままだと北海道の人口は二〇四〇年には二〇一〇年に比べて二十五パーセント近くも減ってしまうと予測されているんです。そうなったら北海道の経済はますます落ち込み、自治体の多くが財政難になって、教育や福祉などの行政サービスの提供やインフラの維持がままならなくなってしまいます。その先に待っているのは……」

「人口減少が経済・財政を疲弊させ、いっそうの人口減少を招く悪循環だな」

シブチン先生が後を引き取りました。

「しかもそのような悪循環は北海道だけに限らない。日本は二〇一五年をさかいに人口が減り始めていて、二〇一五年に一億二千七百万人を数えた総人口は、四十年後には九千万人を下回ってしまう見通しだからね。国や自治体はIRによって国内や世界から観光客を呼び込み、『**IRを地域経済の推進エンジンにすることで、少子高齢化の日本を救いたい**』と考えているんだ」

K子は生まれ故郷である大阪のことを思った。梅田などの中心街は再開発に湧いているが、三歳まで過ごした住吉区や隣の住之江区のような周辺の地域では少子高齢化が進み、人口減少が止まらないと父はかつて言っていた。

「でもカジノがそんな大役を果たせるのかしら」

「うむ……K子くんの疑問はもっともかもしれないね。世界ではカジノを解禁している国・地域が圧倒的多数派だ。アジアを見てもシンガポールやマカオなどがカジノを観光客誘致の目玉にしている。海外から観光客を呼び込むうえで、**日本のIRはどこまで競争力を発揮できるのか……**」

シブチン先生は疑問を感じた時の癖で眉間に深い皺《しわ》を寄せました。

「一方で国内にはカジノと聞くと眉をしかめてしまう人もいるんじゃないかしら。私自身がカジノに行ってみるまではそうだったから」

「ギャンブル依存症」への対策は？

「ほう、K子くんはカジノに行ったことがあるのかね」

シブチン先生は興味深い顔をしてＫ子を見つめた。

「夫の海外転勤で十数年間暮らしたオーストラリアのシドニーには、『ザ・スター（The Star）』というカジノがあるんです。夫に連れられて行ってみたら、きちんとした格好の人たちが集う上品な雰囲気で、思っていた場所とは違っていました。とても美味しいレストランもいくつかあったりして。でも、それまではカジノなんてまったく知らなかったので、行ってみたいとは思いませんでした」

「カジノについてはギャンブル依存症のリスクも指摘されていますね。ギャンブル依存症の人を増やしてしまうリスクが本当にあるのなら、ＩＲを誘致する側はきちんと対応しなければいけませんよね」

「Ｊ平くんの言う通りだな。国や自治体や民間企業はリスクについての**説明責任を果たさなければいけないし、また実効性のある対策を打たなければならない**。ＩＲか……」

シブチン先生はそこで一呼吸置き、右手で顎を撫でました。会話が興に乗った時の癖です。

「どうだろう？　もし君たちにその気があるのなら、今出てきた疑問点を意識しながら、ＩＲについてそれぞれがテーマを決めてじっくり調べてみるのはどうかな。そして期日を決めて調査内容を発表するんだ。というのも今、君たちと話をしていて、私はこう思ったんだよ。

ＩＲについて調べ、考えることは、日本の国や自治体が抱えている切実かつ喫緊の課題をどう受け止め、どう解決したらいいのかを今一度、根本から検証・検討することに他ならないと」

「面白いですね！」

Ｊ平が即座に反応した。

「故郷にＩＲが建設されるかもしれないという個人的な関心だけでなく、ＩＴ企業であるうちの会社とどんな接点があるのかにも興味があります。僕は言い出しっぺとして『**ＩＲってそもそも何なのか？**』を調べてみたいと思います。うちの会社にはアメリカやヨーロッパに支社があるので、海外のＩＲについても取材してみます」

「それなら私は『**ＩＲは少子高齢化の日本を救えるのか**』、その経済効果と国際競争力について探ってみるわ。私の夫は外資系ホテルグループに勤めているんです。もしかしたら夫の仕事とも接点があるかもしれない」

「その後で、どこか誘致に名乗りを上げている自治体を君たちが訪ねてみるのもいいかもしれないな。ＩＲは本当に『**地域経済の推進エンジンになれるのか**』、現地で検証してみたらいい。私は指摘されているギャンブル依存症などのリスクに対して、国や自治体や民間企業は『**どう説明責任を果たし、実効性のある対策を打とうとしているのか**』調べてみよう。さあ、ＩＲに乾杯だ」

三人はウーロン茶の入ったグラスを掲げて乾杯し、再会を約束しました。

「IR」はニッポンを救う！ 目次

プロローグ／「IR」ってカジノなの？ 002

第1章／「IR」って、本当は何なの？

IR＝カジノではなかった 023
ターゲットは老若男女あらゆる人々 026

世界のＩＲ その1

韓国の仁川国際空港至近のＩＲ 028
カジノ面積はＩＲ全体の三％未満 031
なぜカジノがあるの？ 033
日本のＩＲ、カジノ面積は？ 036
世界のＩＲ、その実像は？ 037

世界のＩＲ その2

日本が参考にするシンガポールのＩＲ 039
「カジノではない、ＩＲだ」（シンガポール元首相） 040
ＩＲはシンガポールにどれだけ貢献したの？ 044

世界のＩＲ その3

アメリカの首都ワシントンＤ.Ｃ.を変えたＩＲ 046
ＩＲは地元にどれだけ貢献したの？ 052

世界は四万五千人収容の会議場も。日本は？ 053
「ＩＴ」「金融」……ＩＲに関係する業種は数多い 055
【コラム／シブチン先生のＩＲ講座Ⅰ 058】

第2章／今なぜ日本に「ＩＲ」なの？

国や自治体は経済活性化の切り札と期待 067
鍵を握るのは外国人による訪日旅行 071
目指すはダイレクトインバウンド 073
ＩＲ三カ所建設で五兆円超の経済波及効果 075
シンガポールでは一兆円の民間投資が実現 078

名乗りを上げている自治体は？　081
北海道は苫小牧市を候補地に表明　083
「万博」との二枚看板狙う大阪　085
「多様な観光資源を活かす」と和歌山県　086
ハウステンボスを中核に構想する長崎県　087
小池百合子都知事は慎重な姿勢　088
二〇一九年夏に国は基本方針を発表予定　090
日本のＩＲ、早ければ二〇二四年に開業　094
他の国のＩＲとはどこが同じで、どこが違うの？　095
【コラム／シブチン先生のＩＲ講座Ⅱ　099】

第3章／「ＩＲ」は地元をどう変えるの？

北海道のＩＲ建設候補地・苫小牧市の現状　107
建設候補地では環境保護活動が　108
製造業が頭打ち、人口減が進む　111
今、思い切った手を打たないと……　114
苫小牧市のＩＲ、他にはない強みとは？　117
大阪のＩＲ建設候補地は人工島　119
製造業の地盤沈下は懸念材料　121
成否を分かつナイトタイムエコノミー　124
夜も和の舞台を楽しめる新劇場がオープン　126
ＩＲ成功のための三つの条件　130
「姫路駅」「渋谷交差点」「温泉猿」が人気⁉　132

祖父母が孫に使う消費額は訪日旅行消費を上回る　134
成功したＩＲは進化し続けている　137
【コラム／シブチン先生のＩＲ講座Ⅲ　141】

第4章／「ＩＲ」のリスク対策はどうなっているの？

そもそもギャンブル依存症とは？　147
日本にもギャンブル依存症の患者はいるの？　150
パチンコ・パチスロの影響をどう考えるべきか　154
日本の対策はシンガポールを参考に　157
シンガポールでは依存症の割合が低下している　161

韓国・江原ランドでは依存症が社会問題に 164
法律はパチンコ・パチスロ事業者を対象に 167
ＡＩが依存症のリスクを判断 171
青少年の保護は依存症対策にも効果がある 173
調査官がゲーミング会社を徹底チェック 176
換金百万円超のゲーム情報は報告義務を 179
［コラム／シブチン先生のＩＲ講座Ⅳ 182］
エピローグ／日本人の未来を変える「ＩＲ」 184
［コラム／シブチン先生のＩＲ講座 特別編 199］

第1章

「IR」って、本当は何なの?

数年ぶりの再会から一カ月後、Ｋ子とＪ平はシブチン先生が勤務する都内の大学を訪ねました。

シブチン先生は待ちかねた様子で、さっそく二人を小教室に案内しました。小教室にはパソコンやプロジェクターなどの視聴覚設備が備え付けられています。

「どうせやるのなら本格的にやろうじゃないか」

そんなシブチン先生の発案で、教室を舞台に、パソコンやプロジェクターなども使った模擬講義形式の発表会を開くことになったのです。

トップバッターはＪ平、テーマはズバリ「ＩＲとは何なのか？」。

教壇に立ったＪ平はいきなり**「ＩＲとはカジノではありません」**と**明言しました。「それどころかカジノはＩＲのごく一部です。カジノと国際会議場を一緒につくるメリットも明確にありました。ＩＲは統合が相乗効果を生むビジネスモデルなんです」**――。

勤務するＩＴ系企業の海外ネットワークも駆使した調査報告の始まりです。

IR＝カジノではなかった

IRとはそもそも何なのか？　初めにIRという言葉の意味についておさらいしておきましょう。

IRとは「Integrated Resort（インテグレイティッド・リゾート）」の頭文字をつなげた言葉で、統合型リゾートと訳されています。統合という言葉の通り、いろんな施設を一つのエリアにまとめたリゾート拠点がIRです。

具体的にはどんな施設が集まっているのかと言うと、まずはMICE（マイス）と呼ばれる施設です。

MICE——こちらもあまり聞きなれない言葉ですね。

企業などの会議（Meeting）、報奨・研修旅行（Incentive Travel）、国際機関や国内団体、学会などが行う会議（Convention）、展示会・見本市やイベント（Exhibition/Event）のそれぞれの頭文字をとってMICEと呼びます。

ＭＩＣＥを目的にした旅行は団体での来訪が多く、家族などの個人の旅行客に比べると宿泊や買い物などの消費額が大きいので、誘致に力を入れる国や地域が世界中で増えています。

観光庁が二〇一八年四月に発表した数字では、日本で開かれた国際会議への外国人参加者一人当たりの旅行支出は、宿泊や買い物、飲食、通訳代などを入れると三十三万七千円に達しています。これは一般の外国人旅行者の旅行支出（約十五万三千円）の二倍以上に達します。

ＩＲは例外なくＭＩＣＥの会場となる大きな国際会議場や展示場を備えています。またホテルなどの宿泊施設もＩＲには欠かせません。中には総床面積が十万平方メートル、客室数が三千超の巨大なホテルを持ったＩＲもあります。さらに劇場、映画館、博物館・美術館、水族館、スポーツアリーナなどの文化・エンタテインメント・スポーツ施設や、レストランやショッピングモールなどもあります。

そしてカジノです。

実はカジノはＩＲを構成する一施設に過ぎません。ではなぜカジノがあるのか？それについては後で詳しくお話ししたいと思います。

図表 1 IR の概念図

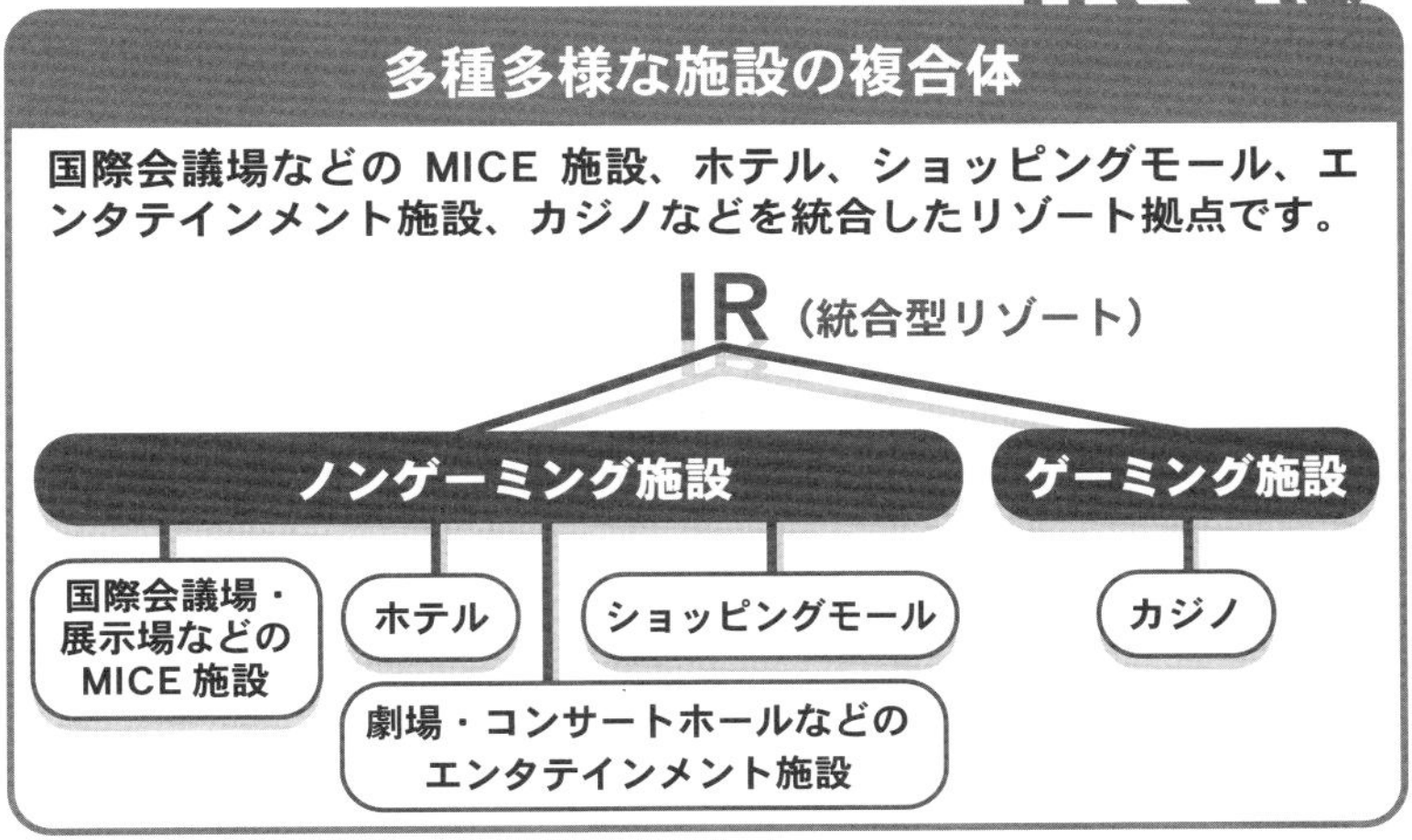
多種多様な施設の複合体
国際会議場などの MICE 施設、ホテル、ショッピングモール、エンタテインメント施設、カジノなどを統合したリゾート拠点です。
IR（統合型リゾート）
ノンゲーミング施設
ゲーミング施設
国際会議場・展示場などのMICE 施設
ホテル
ショッピングモール
劇場・コンサートホールなどのエンタテインメント施設
カジノ

国際会議場
ホテル
ショッピングモール
エンタテインメント施設
カジノ
イベントスペース

ＩＲは多種多様な施設の複合体なんですね。付け加えればカジノ施設をゲーミング施設、それ以外の施設をノンゲーミング施設と呼んだりします（※**【図表①】**参照）。

ターゲットは老若男女あらゆる人々

ではＩＲはなぜ多様な施設を統合しているのか。

その目的はズバリ、広く国内外から観光客やビジネス客、学会への参加者など、様々な目的の客を誘致する狙いがあるからです。

多様な施設が一カ所に集積していれば、子ども連れの家族やカップル、高齢の夫婦など幅広い年齢層、様々な属性の観光客が利用できます。ＭＩＣＥの施設も備えているので、国際会議や展示会に参加しようと訪れる経営者やビジネスパーソン、研究者も少なくありません。

ＩＲは公私を問わず、老若男女あらゆる人々が訪れる可能性を持つ施設であろうとしているのです。

先月のＯＢ懇談会で二人に言ったように、僕はＩＲについて調べる以前、「カジノと国際会議場を同じ場所につくっても水と油で、相乗効果などないのではないか」と思っていました。

しかし調べてみたら相乗効果はあるんですね。国際会議に参加するビジネス客は会議が終われば空き時間が生まれます。その時間を利用してカジノでゲームを楽しんだり、スパ（温浴施設）で過ごしたりすれば心身ともにリフレッシュできるでしょう？　それにＩＲには劇場や映画館、レストラン、ショッピングモールなどもあるので、国際会議に参加するビジネス客の家族も楽しめます。

親が国際会議に参加している間に子どもたちは劇場でミュージカルを観たり買い物したりする。国際会議が終わった後は皆でレストランに出かけてディナーを楽しみ、夜は夫婦でカジノへ。そんな過ごし方ができるはずです。

国際会議場が郊外にぽつんと一つあるような場所へはなかなか家族を連れていかれません。しかしＩＲなら家族一緒に数日間滞在しても飽きることはないでしょう。両親はビジネス、子どもたちは観光という具合に、ＩＲはそれぞれ旅の目的が異なる家族も誘致できるのです。

ＩＲでは施設同士の連携による相乗効果も期待できます。例えば「展示場ではＡＩ（人工知能）を搭載した最新のロボット展を、国際会議場ではＡＩやロボットについての国際会議を開催する」といった企画を打ち出して出展社や参加者を募り、来訪者を誘致できます。

つまりＩＲの特徴である統合は強みになり得るのです。多様な施設が同じエリアに統合されているからこそ、様々な目的・階層の人たちにその魅力を訴えられますから。

抽象的な説明が続きましたので、ここで具体例を紹介しましょう。

日本各地の地方空港からも乗り入れ便が増えている韓国の空の玄関口、仁川《インチョン》国際空港から車で三分、歩いても十五分の隣接地に二〇一七年四月、東アジアでは初めてといっていい本格的なＩＲ「パラダイスシティ」が誕生しました。

世界のＩＲその１／韓国の仁川国際空港至近のＩＲ

どんなＩＲなのかと言いますと、約三十三万平方メートル（約十万坪）の広い土地に、国際会議場などのＭＩＣＥ施設や複数のホテル、カジノ、アートギャラリー、大型スパとプール、ショッピングモール、東アジア最大規模のディスコホールクラブ、キッズ向けのエンタテインメント施設が集まっています。これらの施設は二〇一九年春にすべて完成しました。

カジノは外国人向けで韓国の人々は利用できませんが、家族連れで楽しめる施設がいくつもあるので、外国からの観光客だけでなく、韓国の人々にも人気で賑わいを見せています。

その特徴の一つは豪華さでしょう。ホテルには専用のプールを備えた部屋まで用意されています。

また芸術（アート）とエンタテインメントを融合した「アートテインメント統合型リゾート」を標榜し、アートギャラリーだけでなく、ホテルやカジノなどＩＲ内のあらゆる施設にアート作品が展示され、その数は二千七百点を超えます。

ちなみにＭＩＣＥ施設に展示されている、アレッサンドロ・メンディーニ氏の作品である巨大椅子は時価約五億円だそうです。

「パラダイスシティ」には日本企業も関わっています。運営会社であるパラダイス・

セガサミー(本社は韓国・仁川広域市)は、セガサミーホールディングスと韓国のゲーミング会社、パラダイスグループ(本社はソウル市)が設立した合弁会社なのです。今、ゲーミング会社と言いました。聞き慣れない言葉ですね。カジノ施設をゲーミング施設とも呼ぶように、カジノの運営ノウハウや専門の人材を持ち、カジノの運営を行う企業をゲーミング会社と言います。

セガサミーホールディングスはカジノの運営ノウハウを吸収する目的も込めて、六十人の社員を「パラダイスシティ」に派遣しており、カジノだけでなくホテルなどでも接客を行っています。我々日本人にとっては言葉の壁がないＩＲだとも言えます。

では「パラダイスシティ」はどれだけの経済効果をもたらしているのでしょうか。韓国では、今後五十年間の「パラダイスシティ」の運営を通じて七十八万人の雇用を新たに生み、八兆二千億ウォン(約八千二百億円)の生産誘発効果があると見込んでいます。

補足すれば「パラダイスシティ」の総事業費は一兆五千六百七十五億ウォン(約一千五百六十七億円)に達します。

ＩＲとはどんな施設なのかを実際に知りたければ、仁川の「パラダイスシティ」に行ってみることをお勧めします。

カジノ面積はIR全体の三％未満

先月のOB懇談会で僕はIRについて「実態はカジノなんだからカジノと呼んだらいいのに」と言いましたよね。

しかしそれは誤解でした。

IRにはカジノがあります。しかし「IR＝カジノ」ではありません。それどころか「IR≒カジノ」でもありません。

【図表②】をご覧ください。これは二〇一〇年に開業したシンガポールのIR「マリーナ・ベイ・サンズ」について、カジノ（ゲーミング施設）の面積とカジノ以外（ノンゲーミング施設）の面積を比較した図です。

「マリーナ・ベイ・サンズ」は約十九万平方メートルの敷地にMICE施設やホテル、劇場、ショッピングモール、カジノなどを備えたIRです。施設の延床面積は約

図表2 IRでのカジノの面積

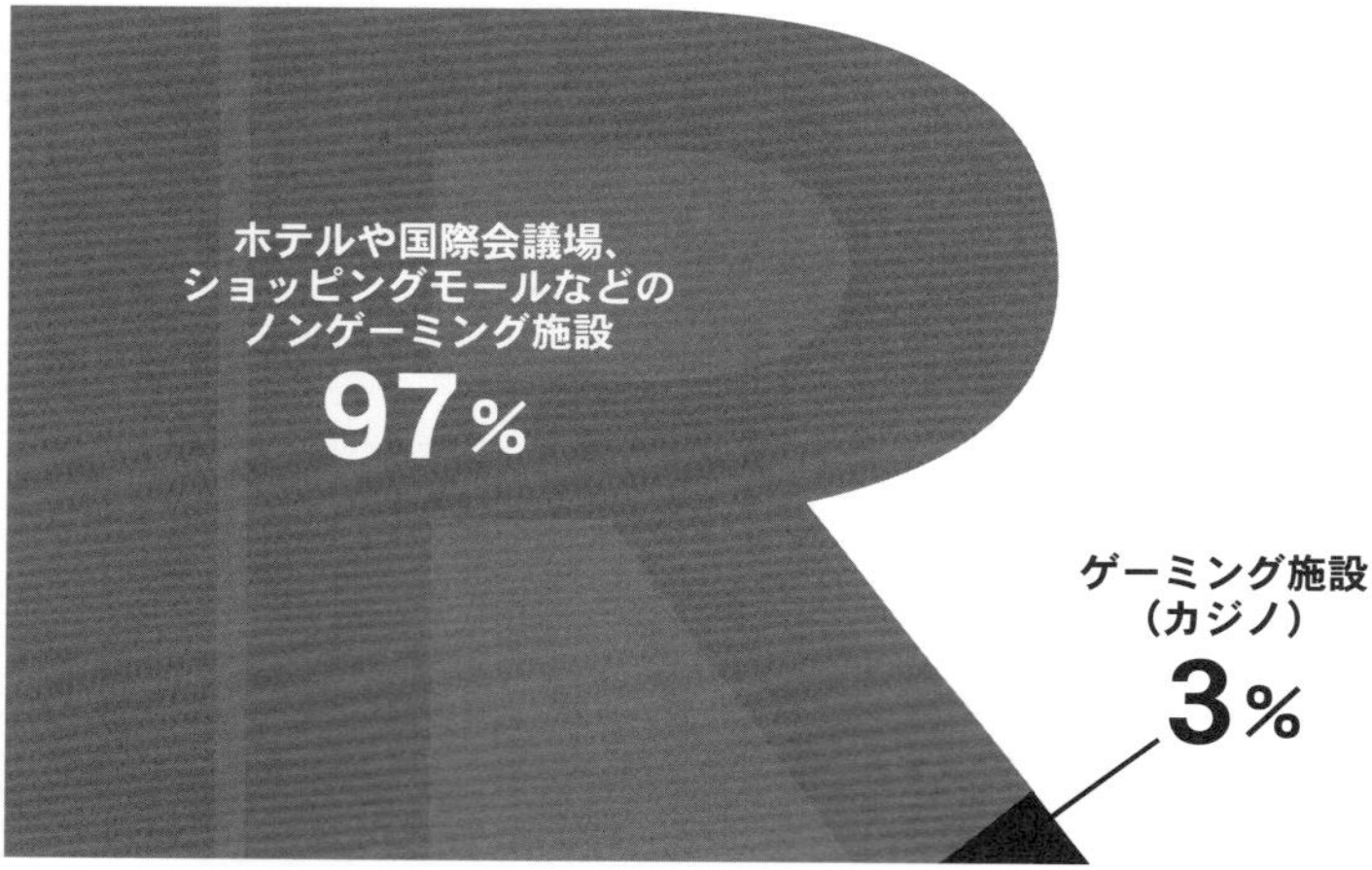

六十万平方メートルに及びます。

その中で、カジノが占める面積は一万五千平方メートルです。延床面積全体に占める割合は三％弱です。

残る九七％はノンゲーミング施設で、その内訳はホテルが五十二％、国際会議場やショッピングモールなどの施設が三十％、レストランやカフェなど飲食の施設が十五％です。

シンガポールのもう一つのＩＲ「リゾート・ワールド・セントーサ」もカジノの面積は全体の四％にとどまっています。

ＩＲを訪れる人たちの多くは、実はリゾートを楽しむ観光客や、展示会や国際会議に参加するビジネスパーソンです。

ＩＲと言うと、日本ではカジノにばかり注目が集まっています。しかしＩＲにはカジノ以外の施設がいくつもあり、様々な目的の観光客・ビジネス客が集っています。カジノの面積はＩＲ全体の三〜四％に過ぎず、ＩＲをカジノと同一視するのは実態とは異なる見方ではないか——ＩＲを考える上で、この点をまず押さえておきたいですね。

なぜカジノがあるの？

ではなぜカジノがあるのでしょうか？　ＩＲを訪れる人たちの多くが観光客やビジネス客なのであれば、「カジノはいらないのでは？」と思われるかもしれません。

またカジノに対しては、「ギャンブル依存症が増えるのではないか」と懸念する人も少なからずいます。こうした課題と対策についてはシブチン先生が（第４章で）調査・報告してくれる予定ですが、わざわざカジノをつくらなければこうした懸念の声は上がらないでしょう。

カジノはＩＲ全体のごく一部を占めるに過ぎない施設ですが、実は収益面ではＩＲにとって重要な存在なのです。

先ほど紹介したシンガポールのＩＲ「マリーナ・ベイ・サンズ」を例に挙げると、全体の売上高のうち、カジノが占める比率は七十八％に達します。面積では三％に満たないカジノが、売り上げでは八割近くを占めています。

これはなかなかよく考えられたビジネスモデルだと思います。

カジノは面積ではＩＲ全体の三％に満たないので、建設費などの初期投資は他の施設に比べてはるかに少なくて済みます。つまりカジノは利益率の高い施設なのです。そのカジノが稼いでくれれば、利益を再投資してＩＲ全体の魅力を高め、リピーターをつかむことができます。またそうしなければいつかは必ず飽きられてしまいます。東京ディズニーランドが常に新しいアトラクションを開発し続けているのもまさに同じ理由からですね。

実際、シンガポール政府は二〇一九年四月、九十億シンガポールドル（約七千二百億円、シンガポールドル・八十円で計算）を投じて、「マリーナ・ベイ・サンズ」と「リゾート・ワールド・セントーサ」の二つのＩＲを拡張すると発表しました。ホテルの客室数を増やしたり、展示場を増床したりするとのことです。

またカジノはＩＲを運営する上で、繁閑の差を平準化してくれます。国際会議場や展示場などのＭＩＣＥ施設では集客は平日が中心ですが、カジノの集客は休日が平日を上回る傾向があります。この結果、ホテルやレストランの需要の波が安定し、稼働率を上げてくれるのです。

さらにカジノが持つ集客力もやはり無視できません。様々なゲームを楽しみ、非日常的な感覚を味わえるカジノには、他のエンタテインメント施設やアミューズメント施設にはない大人の魅力があります。

あまり知られていませんが、実はカジノは世界の多くの国々で解禁されています。国連に加盟する百九十三カ国・地域の中で、カジノが合法化されているのは百四十五カ国・地域に達します。そして、それらの国々には二〇一八年時点で合計約五千ヵ所のカジノ施設があり、世界全体の市場規模は約千八百億ドル（約十九兆八千億円）に達すると推計されています。

また主要先進八カ国――アメリカ、イギリス、フランス、ドイツ、イタリア、カナダ、ロシア、日本の中でカジノが導入されていないのは実は日本だけです。また日本の全国津々浦々にあるパチンコ店は他の国にはありません。戦後の日本の貧困の中から生まれたPoor Man's Slot Machineともいえるパチンコはモダンなカジノには適していません。

そんなカジノの魅力を知っている海外の人たちを日本のＩＲに呼び込む上で、カジノは効果的な施設になり得るのです。

日本のＩＲ、カジノ面積は？

カジノの面積について、気になる日本のＩＲはどうなっているのでしょうか？

二〇一八年七月に成立したＩＲ実施法では、その施行令つまりＩＲ実施法を施行するための細則によって、カジノの営業区域の延床面積をＩＲ全体の三％以下に制限し、カジノ以外の施設の延床面積を同九十七％以上とすると定めています。

日本でもカジノはＩＲの一部、一施設という位置づけです。実はこの考え方はシンガポールのＩＲを参考にしています。

にもかかわらず、なぜ日本では「ＩＲ＝カジノ」という見方が広がったのでしょうか。

きっかけは二〇一六年十二月のＩＲ推進法（正式名称は「特定複合観光施設区域の整備の推進に関する法律」）の成立にあったのではないかと思います。

ＩＲ推進法の成立によってカジノ解禁への道筋が示されたので、一部のメディアがＩＲ推進法をカジノ推進法と呼びました。ここから「ＩＲ＝カジノ」という見方が広がっていったのではないでしょうか。

世界のＩＲ、その実像は？

いかがでしょうか？　シブチン先生もＫ子さんも、ＩＲについて具体的なイメージが湧いてきましたか？

ここからは再び、論より証拠。ＩＲの実例を紹介したいと思います。

まず先ほど少し触れたシンガポールのＩＲを、続いてごく最近誕生したアメリカの首都近郊のＩＲを紹介しましょう。

その前に少し捕足しますと、日本では二〇一八年にＩＲ実施法が成立してＩＲの整備に向けた動きが始まりましたが、世界の国々では日本に先立ってＩＲの建設を進めています。

とりわけ熱心なのがアジアの国々です。シンガポールのみならずマカオや韓国、フィリピンなどがＩＲを誘致してきました。

先ほどＩＲやカジノ施設は世界に約五千カ所あり、その市場規模は約千八百億ドル（約十九兆八千億円）と推計されると言いましたね。アジアのＩＲの総売上高はこの六割超を占めると言われています。

一方、アメリカではカジノ間の競争が激しくなり、カジノ以外のエンタテインメントを充実させて生き残ろうという企業努力からＩＲが次々に生まれました。

世界のIRその2／日本が参考にするシンガポールのIR

シンガポールのIRは日本が参考にしているモデルです。日本でのIRの開業後には、アジアの富裕層などの集客を巡って強力なライバルになるかもしれません。

と言うわけでシンガポールのIRについて説明したいと思いますが、シブチン先生やK子さんは、シンガポールにIRがあると聞いて、意外に思いませんでしたか。

シンガポールは「世界で最もクリーンな国家」を標榜し、公共のエリアでの禁煙はもちろん、チューイングガムの国内への持ち込みまで禁止するほど、ルールや規制が厳しい国です。カジノも禁止されていました。

そのシンガポールになぜIRが生まれたのか？

実はIRの建設・開業を強力に推進したのはシンガポール政府でした。

背景には観光を経済の成長エンジンとしたいシンガポール政府の思惑があったのです。

シンガポールでは過去、一九八五年と二〇〇二年にカジノ開設の構想が持ち上がりました。しかし「ギャンブル依存症になってしまう人が増えるのではないか」という懸念の声が強くて、いずれも見送られました。

シンガポール政府が改めてカジノ開設を提案したのは二〇〇四年のことです。背景には「カジノを建設しないと、他の国に観光客が流れてしまう」という強い危機感がありました。

と言うのも、アジア太平洋地域の観光市場で、シンガポールは一九九八年には八％のシェアを占めていましたが、二〇〇二年には六％に低下していたのです。外国人旅行者の滞在日数も、一九九一年には平均四日だったのが二〇〇二年には三日に短縮していました。

さらにその翌年、香港やシンガポールを中心にSARS（重症急性呼吸器症候群）が流行し始めて外国人旅行者が減り、観光産業が大きな打撃を受けました。

「カジノではない、IRだ」
（シンガポール元首相）

当時のリー・シェンロン首相は演説で「私たちは旅行者の目的地としての魅力を失ってきている」と危機感をあらわにし、国際観光地として魅力を取り戻そうと、大規模なMICE施設や高級ホテル、エンタテインメント施設、カジノを統合したIR開発へと突き進んだのです。

とはいえ国内にはカジノへの根強い反対もありました。シェンロン首相は「私たちがつくるのはカジノではない。IRだ（Not a Casino, but an IR）」と宣言し、カジノはあくまでもその一部、小規模な施設に過ぎないという位置づけでIRの整備を進めます。

IR導入を決めた五年後の二〇一〇年、シンガポールは「リゾート・ワールド・セントーサ」と「マリーナ・ベイ・サンズ」という二つのIRを誕生させました。二〇一〇年一月に開業した「リゾート・ワールド・セントーサ」はマレーシア資本のゲンティン・シンガポール社が所有・運営しています。

場所はリゾート地区として開発が進んでいたセントーサ島です。東京ドーム約十個分の広大な敷地に、MICE施設、ホテル、ショッピングモール、カジノのほか、海洋歴史博物館や世界最大級の水族館シー・アクアリウム、世界的なテーマパークであ

「リゾート・ワールド・セントーサ」　©SAN/a.collectionRF/amanaimages

る「ユニバーサル・スタジオ・シンガポール」などが併設されています。ファミリー向けの施設が充実した観光客向けのリゾート型ＩＲです。

ちなみに二〇一八年六月に開かれた、アメリカのトランプ大統領と北朝鮮の金《キム》正恩《ジョンウン》朝鮮労働党委員長との歴史的な米朝首脳会談の会場となった「カペラホテル」も、セントーサ島にあります。

シンガポールのもう一つのＩＲ「マリーナ・ベイ・サンズ」は二〇一〇年七月の開業です。アメリカのラスベガス・サンズ社の一〇〇％子会社が所有・運営しています。

「マリーナ・ベイ・サンズ」は商業・ビ

「マリーナ・ベイ・サンズ」　©imageBROKER / GTW/amanaimages

ジネスの中心に近い港湾エリアに位置し、こちらもＭＩＣＥ施設、ホテル、ショッピングモール、カジノを備えています。三棟のホテルの屋上を連結した空中庭園サンズ・スカイパークには屋外プールや展望デッキがあり、今や発展するシンガポールを象徴する建物になっています。その他に美術館・博物館、また巨大なガラスドームを備えた植物園を整備しています。

ホテルに隣接する国際会議場・展示場は五階建て、約十二万平方メートルの総面積を擁し、約四万五千人の収容人数は東南アジアで最大の規模を誇ります。

ファミリー層向けの施設が充実した

「リゾート・ワールド・セントーサ」とは対照的に、ビジネス客など大人向けの都市型IRだと言えるでしょう。

IRはシンガポールにどれだけ貢献したの？

ではシンガポールに誕生した二つのIRは観光を経済の成長エンジンにしたい政府の狙いを叶えてくれたのでしょうか。

まずIRがうまくいっているかどうか見てみましょう。

「マリーナ・ベイ・サンズ」の業績を見てみると初期投資は当時の為替に換算すると約四千七百億円でした。これに対して年間の売上高は二〇一七年の年次報告書によると約三千五百億円です。年間の売上高が初期投資額の七十五％に達するのはビジネスとしてうまくいっていると言えます。毎年、利益を計上しているのは間違いないでしょう。

事実、「マリーナ・ベイ・サンズ」のジョージ・タナシェビッチ社長は日本のメディアからのインタビューで、IRは利益を上げており、「二〇一〇年から二〇一七

図表3　シンガポールのIRがもたらした効果

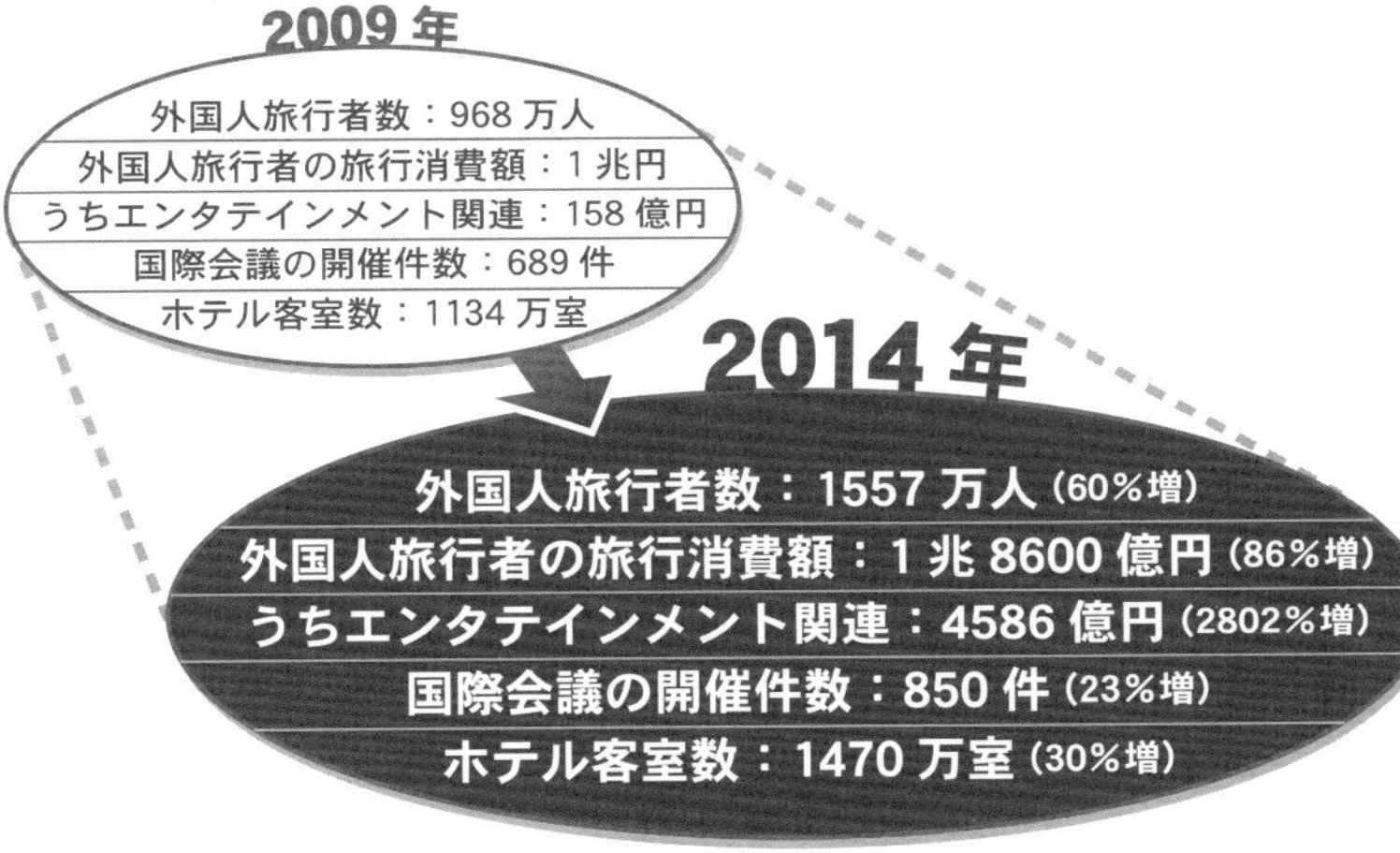

年までの間に、四十九億ドル（約五千五百億円）の税収増をシンガポールにもたらした」と答えています。

シンガポールのＩＲは所期の狙いである観光産業のテコ入れにもつながっています。

シンガポールを訪れる外国人旅行者の数はＩＲ導入前年の二〇〇九年には九百六十八万人でした。

それが二〇一四年には一千五百五十七万人、二〇一八年にはさらに一千八百五十万人にまで伸び、二年連続で過去最高を記録しました。ＩＲ導入前の二〇〇九年から比べると、外国人旅行者数は二倍近くに達しています。

また外国人旅行者の旅行消費額も増加しており、とりわけエンタテインメント関連の消費額は二〇〇九年から二〇一四年までで三十倍近くに拡大しています（※**【図表③】**参照）。

シンガポールのＩＲは四万三千人以上の新規雇用を生んだと推計されています。

世界のＩＲその３／アメリカの首都ワシントンＤ.Ｃ.を変えたＩＲ

続いてアメリカのＩＲを紹介しましょう。勤務するＩＴ系企業の海外ネットワークを使い、ワシントンＤ.Ｃ.在住のジャーナリストから現地リポートを送ってもらいました。

こちら（次ページ）の写真をご覧ください。

ホワイトハウスがあるワシントンＤ.Ｃ.の中心部から国道２９５号線を南に三十分ほど走ると、ポトマック河のほとりに建設されたばかりのビル群が見えてきます。「ワシントンＤ.Ｃ.を変えた」と言われるＩＲ「ナショナルハーバー」です。

「MGMナショナルハーバーリゾート&カジノ」遠景

この地はもともと由緒ある大農場でしたが、農場としては成り立たず、邸宅が焼け落ちた後、その広大な約百七十万平方メートルの土地はプリンス・ジョージズ郡によって再開発され、巨大なIRとして生まれ変わりました。

今では東海岸最大級の二千室を誇るホテルやイベントホールを目玉とするMICE施設「ゲイロード・ナショナル・リゾート&コンベンションセンター」などが建ち並んでいます。

さらにラスベガスに本社を置き「MGMグランド」などのカジノホテルを運営するMGMリゾーツ・インターナショナルが二〇一六年、カジノやホテル、劇場などからなる巨大複合施設「MGMナショナルハーバーリゾート&カジノ」をここに開業しました。
「ナショナルハーバー」全域がMICE施設を備えたIRであり、「MGMナショナルハーバーリゾート&カジノ」はその中でカジノやエンタテインメントなどを担っているという関係です。

現地在住のジャーナリストによれば、「MGMナショナルハーバーリゾート&カジノ」はポトマック河に浮かぶ大型クルーズ船を思わせるそうです。

およそ十六ヘクタールの広大な敷地に地上二十四階建ての高層建築がそびえ、高級リゾートホテルや十五軒のレストラン(うち三軒は著名なシェフがいる高級レストラン)、カジノなどが入居しています。家族連れも楽しく過ごせるIRを目指し、総工費一千五百四十億円をかけて建設されました。二〇一八年にはさらに五十億円を投入してカジノを改装、拡張しました。

このIRを訪ねたジャーナリストの声を直接紹介しましょう。

「IRを訪ねてまず度肝を抜かれたのは五千台収容の広大な駐車場でした。駐車場からはカジノ、劇場、エステティックサロン、百台以上の壁掛けテレビ付きのスポーツ

「MGMナショナルハーバーリゾート&カジノ」のカジノロビー

パブ、レストラン、屋外プールなどの施設にエレベーターで直行できるようになっています」

「カジノも壮観です。ホテルとカジノ共有のロビーには巨大な季節の花飾り(それも本物)が天井から吊り下げられ、ホテルへの入り口と向かい合うようにしてカジノの入り口があります。カジノには何百台ものスロットマシンやテーブルゲーム台が設置されており、週末にはスロットからテーブルゲームまですべてが満席になるだけではなく行列ができるそうです。また屋外プールは緑豊かな景色が美しいだけでなく、車椅子の客がそのまま入れる長い水路が付いています」

「MGMナショナルハーバーリゾート&カジノ」は抜群の立地が魅力です。所在地はメリーランド州で、全米有数の交通量を誇る首都環状高速道キャピトル・ベルトウェイが近くを通っています。またポトマック河の対岸にはレーガンナショナル空港があり、そこから橋を渡って気軽に訪れることができます。水上タクシーも営業を始めていて、天気の良い日には水上タクシーを使って対岸から訪れる観光客も多いとのことです。

「ナショナルハーバー」とその中にある「MGMナショナルハーバーリゾート&カジノ」はワシントンD.C.を変えたと言っても過言ではありません。

ワシントンD.C.とその周辺は所得格差の激しい地域です。隣接するモントゴメリー郡とフェアファックス郡は全米屈指の高所得郡ですが、プリンス・ジョージズ郡は貧困層が少なくありません。統計上ではアフリカ系アメリカ人が多数を占める郡としては全米一の高所得ということになっているものの、かつては銃による殺人事件が毎日のように起きる犯罪多発地帯でした。

プリンス・ジョージズ郡にはこれといった産業がなく、地元の自治体は経済へのテコ入れに知恵を絞ってきました。行きついたのが新たな大規模リゾート都市の開発です。ポトマック河沿いの風光明媚な土地を一大リゾート地として再生させる「ナショナルハーバー」総合開発の一環として、ＩＲの建設が動き出したのです。

二〇〇〇年代はじめに米南部の富豪と地元の不動産会社が共同で「ナショナルハーバー」の開発に乗り出し、二〇〇八年には東海岸最大級の二千室を誇るホテルとイベントホールを目玉とする「ゲイロード・ナショナル・リゾート＆コンベンションセンター」が完成します。ワシントンＤ．Ｃ．に近い好立地が功を奏し、業界団体の会合や政治集会などの需要をつかみました。

しかし総工費二〇〇〇億円をかけ、二〇一四年までにリゾート施設や住宅を建設するという野心的なプランは、不動産バブル崩壊後の不況で難航します。加えて二〇一一年、「ナショナルハーバー」にリゾート建設を予定していたディズニーランド・パークが計画を放棄してしまいます。

危機感を募らせた郡当局は二〇一二年、一部の反対を押し切ってカジノ法を改正し、カジノの導入を可能にしました。

それを受けて、ＭＧＭリゾーツ・インターナショナルが巨大複合施設「ＭＧＭナショナルハーバーリゾート＆カジノ」の建設に取りかかり、二〇一六年に開業までこぎつけたのです。その相乗効果によって「ゲイロード・ナショナル・リゾート&コンベンションセンター」の集客も好調で、当初の事業計画を十分に達成できそうです。

IRは地元にどれだけ貢献したの？

「MGMナショナルハーバーリゾート&カジノ」はプリンス・ジョージズ郡に対してどれだけ貢献しているのでしょうか。

二〇一七年には一億七千万ドル（約百八十七億円）の税収をプリンス・ジョージズ郡にもたらしました。

また「MGMナショナルハーバーリゾート&カジノ」で働く従業員は四千人を超え、多くが地元の人たちです。

IRはポトマック河畔の風景を変えただけでなく、経済的な恩恵もプリンス・ジョージズ郡にもたらしました。

ちなみに「MGMリゾーツ・インターナショナル」は、ハリウッドの映画会社であるメトロ・ゴールドウィン・メイヤー（MGM）とは資本関係はいっさいありません。

世界は四万五千人収容の会議場も。日本は？

さて、そろそろ僕の話も終わりに近づいていますが、二つのことを付け加えて終了したいと思います。

一つ目は国際会議場の規模についてです。

先ほどシンガポールのＩＲ「マリーナ・ベイ・サンズ」を紹介する時、ホテルに隣接する国際会議場は五階建て、約十二万平方メートルの総面積を擁し、約四万五千人の収容人数は東南アジアで最大の規模を誇ると言いました。

驚きませんでしたか？

四万五千人も収容できる国際会議場があるんです。

これに対して日本の国際会議場は、収容人数が国内では最大規模の東京国際フォーラムでも一万人に達しません（最大のホールＡが五千十二人、ホールＢ５が四百八十人、ホールＣが千五百二人など）。

日本政府観光局（ＪＮＴＯ）がまとめた「ＪＮＴＯ国際会議統計」によれば、国際会議協会（ＩＣＣＡ：国際会議の振興などを目的に設立された非営利の国際機関）が発表した二〇一七年の国際会議開催件数で、日本は四百十四件と過去最高を記録し、アジア太平洋地域で一位、世界で七位になりました。

しかしシンガポールやマカオなどがこの十年でじわじわと開催件数を増やし、シェアは低下傾向にあります。

また国際組織についての調査などを行う非政府組織の国際団体連合（ＵＩＡ）がまとめたＵＩＡ国際会議統計資料では、二〇一七年の日本での国際会議の開催件数は五百二十三件で、シンガポール（八百七十七件）やオーストラリア（五百九十一件）に負けています。日本が国際会議の誘致で今後も強い競争力を維持できるかどうか、予断を許しません。

最初に申し上げたようにＭＩＣＥは経済効果が大きく、誘致に力を入れる国や地域が世界中で増えています。日本のＩＲに建設される予定の国際会議場はぜひ世界と戦える規模や設備を備えてほしいですね。

「IT」「金融」……IRに関係する業種は数多い

もう一つは、先のOB懇談会で言ったと思いますが、IRとIT業界との接点です。IT系企業に勤める僕のこれからの仕事にも関わることとです。

結論は「接点はある」でした。IRはIT業界にとってもビジネスチャンスです。国際会議場や展示場、ホテル、カジノなどへの入退場には、カメラで入退場者の顔を撮影し、コンピューターによって本人確認を行う顔認証システムが使われるでしょう。ショッピングモールでの買い物やレストランでの食事など、IRでのあらゆる決済にキャッシュレス決済が用いられるのも間違いありません。

さらにIRのセキュリティーを守るために、インターネットにつながったカメラによる遠隔監視や、AIを搭載したロボットによる巡回警備が行われるはずです。

それらは全てIT系企業にとってのビジネスチャンスにつながります。実は先日、会社内でIRについての勉強会を立ち上げたいと上司に提案して、来週から動き出すことになりました。

ＩＲと接点があるのはＩＴ業界だけではありません。顔認証システムを導入するには解像度の高いカメラをつくれるメーカーの力が不可欠です。キャッシュレス決済には金融機関やクレジット会社の協力が必要でしょう。ＩＲのセキュリティーを守るためには警備保障会社のノウハウが欠かせません。

まだあります。ＩＲの広大な敷地内を移動する交通システムを動かすにはバスや鉄道など公共交通機関を担う企業の力が、ＩＲ内で物資を滞りなくやりとりするには宅配便など物流企業の力が必要です。

ＩＲは多くの企業、業界にビジネスチャンスをもたらしそうですね。

さあ、まとめに入りましょう。

本日の調査報告のポイントは以下の通りです。

- **ＩＲ＝カジノではない。カジノはＩＲの一部である。**
- **カジノがＩＲにもたらす経済効果は大きい。**
- **シンガポールのＩＲは観光産業を伸ばし、アメリカのＩＲはワシントンＤ.Ｃ.**

を変えた。

- **日本はＭＩＣＥでシンガポールなどに追い上げられている現実がある。**
- **ＩＲにはＩＴ、金融など数多くの業種が関係する。**

僕の発表は以上で終わります。次回はＫ子さんですね。

Ｊ平はお辞儀して席に戻りました。シブチン先生は拍手しながら「Ｋ子くんの役割は重要だな」と言いました。

「ＩＲを導入しようという動きがなぜ今の日本で出てきたのか。その理由を経済効果の面から説明してもらわなければならない」

「そもそも日本ではいつごろＩＲが開業するのか、それまでにはどんなプロセスをたどるのか、今後のことも知りたいですね」

シブチン先生とＪ平の言葉にＫ子は唇を噛みしめてうなずきました。次回は一カ月後、Ｋ子の調査が始まります。

コラム

シブチン先生のＩＲ講座Ⅰ

その1 「ＭＩＣＥ」の補足説明

Meeting（企業などの会議）、Incentive Travel（報奨・研修旅行）、Convention またはConference（大会・学会・国際会議）、Exhibition/Event（展示会イベント）のそれぞれの頭文字をとったＭＩＣＥは経済効果が大きいので、国や自治体によって盛んに誘致活動が行われるようになったと本文で書きました。

それを担う専門組織を**「コンベンション&ビジターズ・ビューロー（Convention & Visitors Bureau）」**と言います。直訳すれば、「国際会議と来場者のための事務局（あるいは案内所）」ですね。なぜコンベンション・ビューロー「国際会議のための事務局（あるいは案内所）」としないのかと言えば、今では国際会議には観光がつき

ものであり、観光の魅力をアピールすることが国際会議の誘致につながるとの認識が日本国内でも広がりつつあるからです。

コンベンション&ビジターズ・ビューローでは、国際会議の誘致のための宣伝や魅力をアピールするための調査研究や情報提供、人材育成などを手がけています。

その2／自治体がIR誘致に名乗りを上げるまでの流れ

本文でも触れたように二〇一六年十二月、IRの設立を推進する基本法として「IR推進法」が公布・施行されました。正式名称は「特定複合観光施設区域の整備の推進に関する法律」と言います。日本では禁じられていたカジノ解禁につながることから「カジノ推進法」などとも呼ばれ、これがIR=カジノという認識が広がるきっかけになりました。

IR推進法の制定を受けて、政府は二〇一八年七月にIRの整備や運営ルールを定めた「IR実施法（正式名称は「特定複合観光施設区域整備法」）」や、ギャンブル依存症対策を定めた「ギャンブル等依存症対策基本法」が公布されました。

これによって「ＩＲ施設は当面全国三カ所に絞り、七年後に見直す」「カジノ施設の延床面積をＩＲ施設全体の三％以下に制限する」「入場回数を七日間に三回かつ二十八日間で十回まで」「マイナンバーカードで本人・入場回数を確認」「日本人の入場料は六千円とする」などのルールが定められました。

今後はこれに基づいて自治体が誘致を申請し、国が区域やカジノ事業者を選定することになります。

その3／カジノの雑学あれこれ

カジノの起源は？

カジノの起源は十六～十七世紀のヨーロッパにさかのぼると言われています。カジノという言葉はイタリア語で「小さな家」を意味する「カーサ（CASA）」に由来するとの説が有力です。カーサは音楽や舞踏を楽しむ娯楽場や集会所へと意味が転じていきました。やがてそれらの建物で賭博が行われるようになり、現在のカジノになったというのです。

やがて十八〜十九世紀にはヨーロッパ各国で開設されるようになり、盛んになっていきました。モナコのモンテカルロにあるカジノは当時の雰囲気を残す古典的なカジノとして知られています。

ヨーロッパから世界へと波及していったカジノは、アメリカでは一九三一年にラスベガスのあるネバダ州で営業が許可されました。アジアでも一八四七年に当時ポルトガル領だったマカオで合法化されました。ラスベガスやマカオがカジノで有名なのは、長い歴史を持っているからです。

どんなゲームがあるの？

カジノでは様々なゲームが行われます。「ルーレット」や「スロットマシン」「ポーカー」などはよく知られていますね。他にも、カードの数字の合計が二十一に近い方が勝つ「ブラックジャック」や、ディーラーが振った三つのサイコロの合計数や組み合わせを予想する「大小（シックボー）」、カードの合計数の下一桁の数字が〝九〟に近い方が勝つ「バカラ」なども人気があります。

カジノにはどんなタイプがあるの？

カジノには、カジノに特化したヨーロッパ型の施設と、ＩＲ内に導入されたアジアやアメリカ型の施設があります。

ヨーロッパ型のカジノはほとんどが小規模で、テーブルの台数は二十台ほど、スロットマシンも三百台程度に過ぎません。レストランやバーなどの付帯施設は無く、ほとんどがネクタイ着用などのドレスコードを設けています。会員制で格式を重んじたスタイルで運営し、高所得者層の利用が多いのも特徴です。二十四時間営業ではありません。

一方、ＩＲ内のカジノはテーブル台数が五百台程度、スロットマシンが二千台程度とヨーロッパ型に比べて規模が大きいのが特徴です。富裕層が利用する高級カジノから、カジュアルに楽しめるカジノまで客層も幅広く、また多くが二十四時間営業です。

その4／国際会議の定義は？

二カ国以上の人が集まり、ある議題について会議を行うことを国際会議と呼びます。本文で触れたようにその経済効果は想像を上回ります。参加人数が多いだけでなく、参加者や同行者向けに開催地の観光ツアーが用意されているので観光・消費にも波及効果をもたらすからです。

観光庁は二〇一七年四月、二〇一五年に日本国内で開催された国際会議による経済効果の試算を発表しました。それによれば、観光や消費などへの経済効果は五千九百五億円に達しています。さらに、これによって新たに生じた雇用創出効果は我が国全体で約五万四千人分、税収効果は約四百五十五億円になるとも推計しています。

とはいえ日本が国際会議の誘致で課題がないかと言えば、決してそうではありません。

施設やハード面に加え、国際会議を誘致する際のプロモーションやオプショナルツアー、エンタテインメントの提供など、官民連携によるソフト面での魅力のアピールも不十分との指摘があります。

ちなみに国際会議を表すコンベンション(Convention)やコングレス(Congress)は、どちらも大規模な会議を表す英語です。小規模な会議にはカンファレンス(Conference)が使われます。

第2章

今なぜ日本に「IR」なの？

翌月、K子は眠い目をこすりながら、シブチン先生が勤務する大学の正門をくぐりました。

指定された小教室にはすでにシブチン先生もJ平も来ていて、顔に期待と好奇心を浮かべてK子を迎えました。

「今なぜ日本にＩＲなのか？　今日はＩＲが経済や雇用にどれだけの効果をもたらすと期待されているか、お話ししたいと思います。**後で詳しく説明しますが、日本にＩＲが三カ所できた場合、その経済効果は建設による効果だけで五兆円を超えるとの試算があります。国や自治体は、ＩＲが日本経済を浮揚させる起爆剤にもなり得ると見ているのです**」

教壇に立ったK子は話し始めました。かつてビジネス系出版社に勤めていたころの探究心が蘇り、この数週間、夢中で取り組んだ調査結果の発表です。

国や自治体は経済活性化の切り札と期待

今なぜ日本でＩＲなのでしょうか？

国はなぜこれほどまでに熱心にＩＲの導入を進めているのか。自治体はなぜ競うようにＩＲの誘致に乗り出しているのか。

国や自治体には「ぜひそうしたい」「そうしなければならない」どんな理由があるのでしょうか。

結論から言うと、国や自治体は経済活性化の切り札としてＩＲに大きな期待をかけているのです。

私自身、ＩＲの経済効果について調べてみて、うまくいけば日本経済を浮揚させる可能性はあると思うようになりました。

そのことをお話しする前に、まず日本経済の状況をおさらいしておきましょう。

バブル崩壊後の日本経済はご存じの通り「失われた二十年」とか「失われた三十

年」などと言われるほどの長期停滞を続けました。

その閉塞感を打ち破ろうと、安倍政権は二〇一五年に「GDP（国内総生産）六百兆円達成」を目標に掲げます。当時のGDPは五百兆円程度でしたから、百兆円も積み増す大胆な目標設定です。

とはいえ、周知のように日本では人口減少と少子高齢化が同時に進んでいます。GDPは一人当たりの生産額（付加価値）と人口を掛け合わせた数字ですから、よほど上手にテコ入れしない限りGDPは縮小してしまいます。しかも稼ぎ頭である自動車や電子部品などの輸出産業は生産拠点を海外に移転しています。

ではどうやってGDP六百兆円の目標を達成するのか。その切り札の一つとして安倍政権が打ち出したのは、観光立国すなわち観光産業の振興でした。

なぜ観光なのか？　観光は経済波及効果がとても大きい産業だからです。

まず関係する業種が多岐にわたります。

ホテルや旅館などの宿泊業、百貨店や土産物店などの小売業、エアラインや鉄道などの輸送業、レストランや居酒屋などの飲食業、小売業が売る商品を製造するメーカー、レストランで出される食材を生産する農林水産業や食品メーカー、さらには情

図表 4 観光がもたらす経済効果は大きい

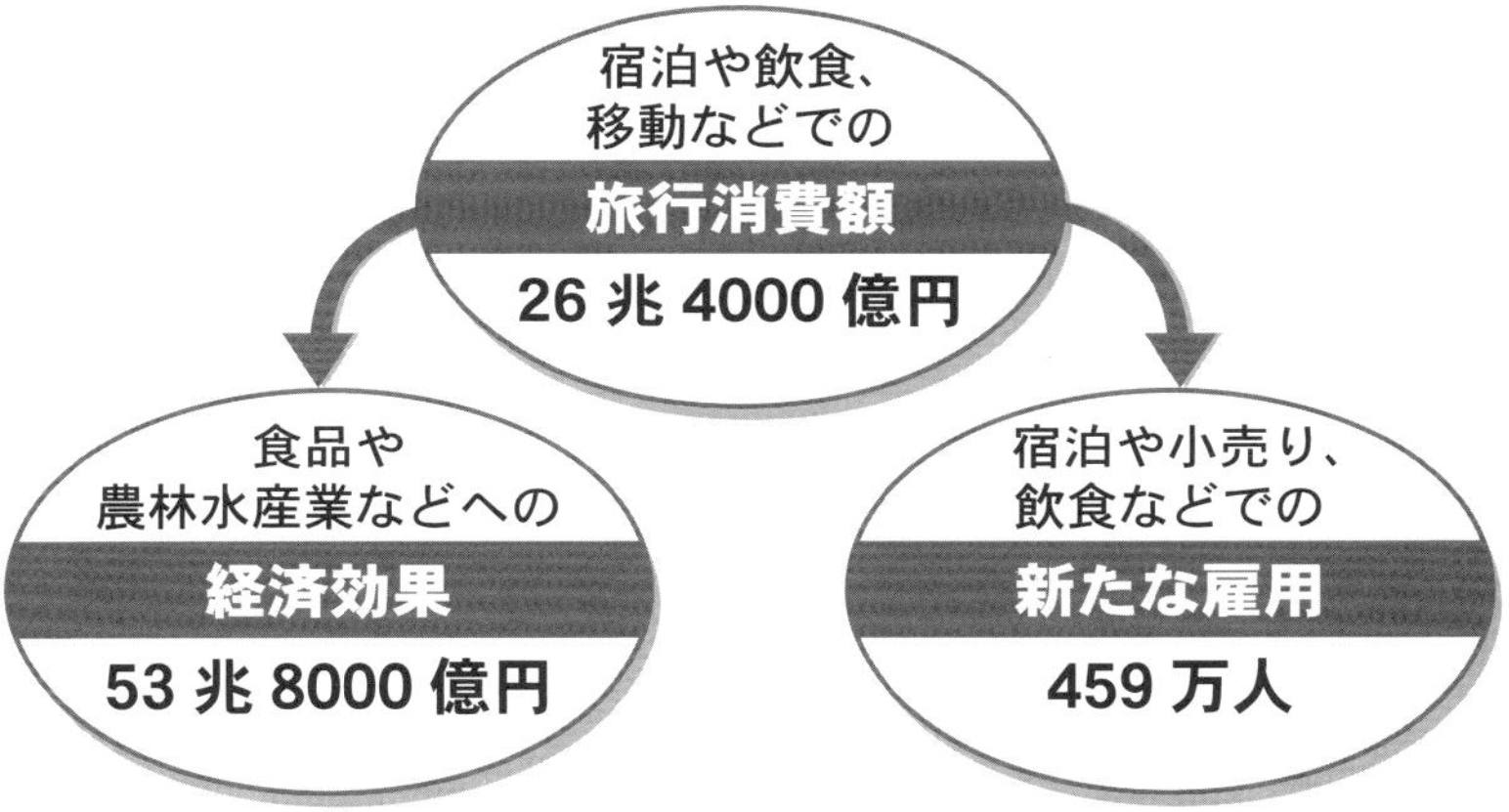

観光庁「観光白書」の 2016 年数字をもとに作成

報サービス業、広告業、金融業など、それこそ枚挙に暇《いとま》がありません。

しかも、これらの業種は取り引きを通じて密接に絡み合っています。

旅行者が食事をしたり買い物をしたりして、旅行に関連する新たな売り上げが生まれた時、その売り上げを得た企業・業種だけでなく、関連する企業・業種にも取り引きを通じて経済効果が伝わる関係を結んでいるのです。

例えば旅行者が土産物店で土産物を買ったとします。この時、直接の売り上げを得られるのは土産物店ですが、その土産物店に商品を納めている問屋や、問屋に商品を納めているメーカー、さらには商品の原材料をつくっているメーカーにも効果が及びます。

観光はこうした経済波及効果が大きいのです。

観光庁は二〇一八年の「観光白書」で、宿泊や買い物など旅行での消費額が二〇一六年には二十六兆四千億円、関連するあらゆる業種への経済波及効果が合計五十三兆八千億円に達したと分析しています（※**【図表④】**参照）。

それだけではありません。観光産業には宿泊業や小売業など人をたくさん使う労働集約型の業種が集まっているので、観光のテコ入れによって新たに人を雇う雇用創出効果も期待できます。

先ほどの「観光白書」では、旅行での消費によって、二〇一六年には四百五十九万人の新たな雇用が生まれたと分析しています。

加えて製造業では企業の海外移転が進みましたが、観光産業では企業の海外移転はほとんどありません。

鍵を握るのは外国人による訪日旅行

ではどうすれば観光産業をテコ入れできるのか？

鍵を握るのはインバウンドつまり外国人による訪日旅行です。

人口減少が進む日本人の旅行需要は今後、大きな伸びを期待できません。一方、日本を訪れたい外国人の数は中国など新興国の経済成長に伴い、年々増えています。しかも外国人旅行者は日本で多額のお金を使ってくれます。観光庁によれば、外国人旅行者一人当たりの一回の旅行消費額は二〇一八年には約十五万三千円でした。これは日本人一人当たりの年間消費額百二十五万円の八分の一の金額です。つまり外国人旅行者が八人来てくれれば、日本人一人の一年分の消費が生まれるのです。

これらの理由から政府は外国人旅行者の拡大に熱心に取り組んでいます。

二〇〇六年に観光立国推進基本法を成立させ、二〇〇七年に観光立国推進基本計画を閣議決定しました。二〇一三年には観光立国実現に向けたアクション・プログラム

図表⑤ 訪日外国人旅行者の推移

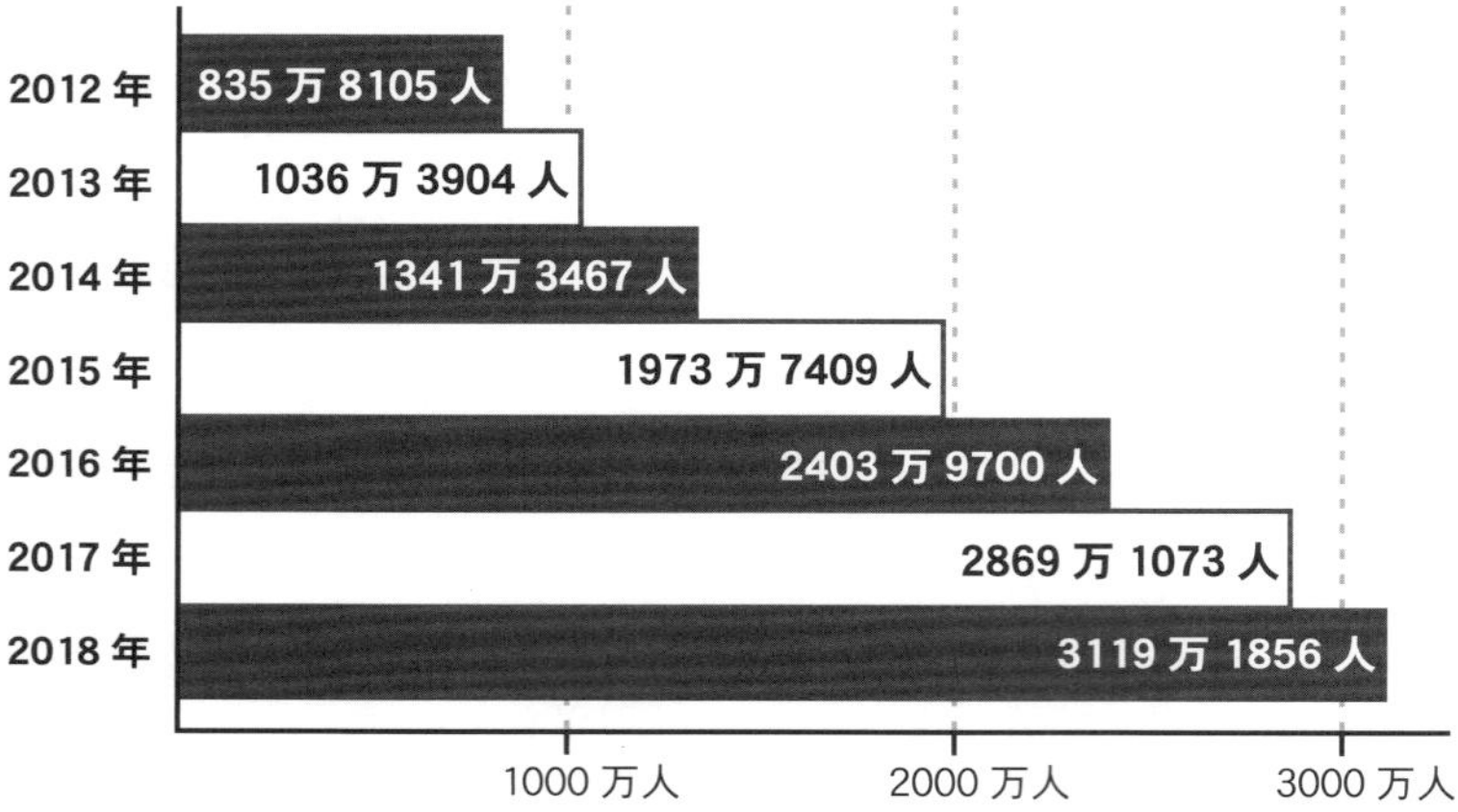

日本政府観光局（JNTO）の集計

を取りまとめ、「日本ブランドの作り上げと発信」「ビザ要件の緩和等による訪日旅行の促進」「外国人旅行者の受入の改善」などを打ち出しました。

取り組みは着実に成果を上げています。二〇一二年に八百三十六万人だった外国人旅行者は二〇一八年には三千百十九万人と四倍近くに伸び、初めて三千万人の大台を突破しています（※【図表⑤】参照）。

政府は今後、東京オリンピック・パラリンピックが開催される二〇二〇年には外国人旅行者を四千万人、二〇三〇年には二〇一七年の倍以上となる六千万人に増やす目標を掲げています。

さらにこれに伴って、二〇一八年には四兆五千億円だった外国人旅行者の旅行消費額を、二〇二〇年には八兆円、二〇三〇年には十五兆円まで拡大することを目指しています。

しかし、ここに来て、観光立国を実現するために乗り越えなければならない課題が浮上しています。外国人旅行者が訪れる先は、東京や大阪を拠点に京都で寺社巡りをして富士山や箱根に立ち寄る通称「ゴールデンルート」に集中しているのです。

繁忙期の京都や箱根、富士山周辺では、ホテルなどの宿泊施設や公共交通機関が受け入れられる以上の外国人旅行者が殺到し、日本人旅行者が宿泊できなかったり、渋滞が頻繁に発生して地元住民が不便を強いられたりするオーバーツーリズムの弊害も指摘されるようになってきました。

目指すはダイレクトインバウンド

経済活性化のためにもっと外国人旅行者を増やし、日本で消費してもらいたい。しかしゴールデンルート中心のインバウンドは飽和状態に近づいており、オーバーツーリズムの懸念もある。

ＩＲはこの二律背反を解決する切り札としても期待されています。

ＩＲが地方都市に生まれれば、外国人旅行者をゴールデンルート以外の観光地に直接呼び込むダイレクトインバウンドが実現できるからです。

しかもＪ平くんが前回報告してくれたように、ＭＩＣＥ目的の外国人旅行者は個人の旅行者以上に地域の経済を潤してくれます。

Ｊ平くんは、「ＭＩＣＥ目的の外国人旅行者の一人当たりの旅行支出は三十三万七千円で、一般の外国人旅行者の旅行支出の倍以上だ」と言う観光庁の数字を紹介してくれましたね。

ＭＩＣＥ目的の外国人旅行者による経済効果は他にもあります。会議による国際会議場の売り上げや、レセプション・パーティーの開催で発生するパーティー会場やケータリング会社の売り上げなどです。

国際会議場や展示場、ホテル、レストランなどを集めたＩＲはそれらの恩恵をまとめて手中にできると期待されているのです。

ＩＲの経済効果はそれだけではありません。これまで説明してきたのはＩＲが開業してからの効果でした。ＩＲにはもう一つ、開業前の効果つまり建設による経済効果も見込めます。

具体的にはまず土地の造成や建物の建設による土木・建設需要が生まれて、ゼネコンや地域の建設・土木関連企業に売り上げが発生します。建設資材の運搬に関わる企業も潤うでしょう。

ＩＲ三カ所建設で五兆円超の経済波及効果

では日本の自治体が打ち出しているＩＲの構想は、どの程度の経済効果を期待されているのでしょうか。

みずほ総合研究所が二〇一四年四月に行った調査結果を紹介したいと思います。

それによれば、関東地区に「マリーナ・ベイ・サンズ」と「リゾート・ワールド・セントーサ」を合わせた規模のＩＲを誘致した場合、ＩＲの建設による関東地区での経済効果は約八千億円、ＩＲの運営による宿泊や小売りなどへの経済波及効果は年間約二兆九千億円で、合計約三兆七千億円の経済効果が生まれると推計しています。

大和総研も二〇一六年にＩＲの経済効果を発表しています。

横浜、大阪に「マリーナ・ベイ・サンズ」と同規模で同程度の収益を上げるＩＲが誕生し、北海道にも「リゾート・ワールド・セントーサ」と同規模で同程度の収益を上げるＩＲが生まれた場合、ＩＲの建設による経済効果は約五兆五百億円。ＩＲの運営による経済効果は年間約二兆円と推計しています。

どちらも数兆円規模の経済効果です。ＩＲへの期待の大きさがわかる気がします。

ＩＲの構想を打ち出している自治体も、独自に経済効果を試算しています。

大阪府・市は開業初年度までに約二兆円、以降、毎年七千六百億円の経済効果を生み、年間八万八千人の雇用を支えると見込んでいます。

北海道も経済効果を発表しています。道内にＩＲを整備した場合、建設投資を除いても年間で最大二千億円の経済効果があり、最多で二万一千人の雇用を新たに生み出すと試算しています。

図表6 北海道IRの経済効果

北海道のIRの経済効果試算

道内にIRを整備した場合

年間来場者	最多で**860万人**
年間売上高	最大で**1560億円**
建設投資を除く経済効果	年間で最大で**2000億円**
雇用創出効果	最多で**2万1000人**

さらにIR実施法では

IR事業者はカジノの収益の30％を国と自治体に納付
日本人がカジノに入場する時に支払う6000円の入場料を都道府県と市町村で折半
納付金収入は年間80億円から234億円

図表7 大阪IRの経済効果

大阪府・市のIRの経済効果試算

年間来場者	**2480万人**
年間売上高	**4800億円**
建設による経済効果	**1兆2400億円**
運営による経済効果	年間**7600億円**
雇用創出効果	建設に伴って新たに**7万5000人** 年間**8万8000人**の雇用を支える

さらにIR実施法では

IR事業者はカジノの収益の30％を国と自治体に納付
日本人がカジノに入場する時に支払う6000円の入場料を都道府県と市町村で折半
納付金収入は年間570億円、入場料収入は年間130億円で計700億円地域に落ちるお金はこれらだけではありません。

IR実施法では、IR事業者はカジノの収益の三十%を国と自治体に納付しなければなりません。また日本人がカジノに入場する時に支払う六千円の入場料を都道府県と市町村で折半することも義務付けられています。

大阪府・市は納付金と入場料を合わせて年間七百億円を見込んでいます。北海道は納付金収入を最小で年間八十億円、最大で年間二百三十四億円と試算しています。

これらもまた地方自治体にとっては大きな金額でしょう。

付け加えればゴールドマン・サックス証券は、東京・大阪・北海道の三都市でIRが開業した場合、カジノによる利益は年間一兆七千五百億円に達し、アジアではシンガポールを抜き、マカオに次ぐ大きなカジノ市場になると試算しています。

シンガポールでは一兆円の民間投資が実現

……とここまで話を聞いて、シブチン先生もJ平くんも「それって捕らぬ狸の皮算用になるかもしれない」と思われたかもしれませんね。

え？　そこまで意地悪ではない？　でも、紹介した数字は今の段階ではあくまで試算に過ぎませんよね。

そこで先行する海外のＩＲはどれだけの経済効果を生んでいるのか、紹介したいと思います。

まずシンガポールのＩＲです。

二〇一〇年に開業した「マリーナ・ベイ・サンズ」と「リゾート・ワールド・セントーサ」は、建設時点での民間投資額が約一兆円に上りました。当時のシンガポールのＧＤＰの約五％に相当する金額です。ＩＲの建設による経済効果は非常に大きかったと言えるでしょう。

ではＩＲの運営による経済効果はどうか？

ＩＲの開業後四年でシンガポールを訪れる観光客数は六割、観光収入は九割も増えました。またカジノの売り上げによる税収は二〇一六年度で二千百四十億円に達しました。ＩＲによって新たに四万三千人超の雇用が生まれ、ＧＤＰを一・五％から二・〇％押し上げる効果があったとも推計されています。

もう一つ、マカオのＩＲも紹介しましょう。

一九九九年にマカオがポルトガルから中国に返還された後、マカオでは経済活性化を目的としたＩＲの計画が立ち上がり、カジノの経営権を海外のゲーミング会社に開放しました。

これを受けて、アメリカや香港、オーストラリアの企業が、新たに埋め立てた臨海地域にＩＲを次々にオープンし、陸続きである中国の富裕層を中心に世界中から多くの客を集めるようになりました。

これらのＩＲはどれだけの経済効果をもたらしたのか。

中国本土の経済成長を追い風に、マカオは二〇〇〇年代、年率二十％もの高成長を遂げました。二〇一八年のＧＤＰ（域内総生産）は前期比四・七％増と以前ほどではないものの好調に推移しています。また同年にマカオを訪れた外国人旅行者は三千二百六十万人と、日本の三千百十九万人を上回っています。

それだけではありません。今やマカオの一人当たりＧＤＰはアジアの国・地域中一位で、二〇二〇年に世界一になると国際通貨基金（ＩＭＦ）は予測します。

ＩＲがその牽引役の一つであることは間違いありません。

名乗りを上げている自治体は？

さて、では、このように大きな経済効果を見込めるＩＲの誘致に向けて、今どこの自治体が動き出しているのでしょうか。改めて整理してみましょう。

政府は二〇一八年秋、四十七都道府県と二十政令指定都市を対象にＩＲ誘致についての意向調査を行いました。

それに対してＩＲ誘致について「申請を行う予定」か「申請を検討中」と答えた自治体は計七つでした。

大阪府・市、和歌山県、長崎県が「申請を行う予定」、北海道、東京都、横浜市、千葉市が「申請を検討中」と答えたのです。

先のＯＢ懇談会でＪ平くんは、「愛知県は常滑市にある中部国際空港島にＩＲを誘致しようと考えている。名古屋市の河村たかし市長も誘致に前向きだ」と報じた新聞記事をスマホで見つけてくれたわね。愛知県は七つの自治体の中には入っていませんでした。名古屋市の河村市長は三重県桑名市のナガシマリゾート周辺へのＩＲの誘致を表明しているので、今後、愛知県と常滑市や名古屋市などとの間でどう調整していくのか気になるところですね。

この中で、具体的に動き出している自治体の構想について紹介してみたいと思います。客観的かつ公正を期するために、以下の三つの条件を設けて絞り込んでみました。

条件その１、自治体が立候補の意思を明らかにして応募の手続きを進めていること。
条件その２、国内外のゲーミング会社が少なくとも複数進出を希望していること。
条件その３、構想がＩＲ実施法などに基づく要件をほぼ満たしていること。

北から日本列島を縦断するようにして、それぞれの自治体の構想を見ていきましょう。

北海道は苫小牧市を候補地に表明

北海道では苫小牧市、釧路市、留寿都《るすつ》村の三自治体がＩＲの誘致に手を挙げていました。道は有識者懇談会を立ち上げて議論を進め、二〇一九年四月、国際空港である新千歳空港からのアクセスが良く、最も集客が多く見込める苫小牧市を優先候補地とすることを正式に公表しています。苫小牧市には貨物の取扱量で国内四位の苫小牧港があります。また新千歳空港は千歳市と苫小牧市にまたがっています。苫小牧市は港湾都市であると同時に空港都市でもあるのです。

苫小牧商工会議所など地元経済界が立ち上げた「苫小牧統合型リゾート推進協議会」は二〇一七年、自然共生型のＩＲをコンセプトに「北海道ホワイトＩＲ構想」をまとめました。

樽前山《たるまえさん》から支笏洞爺《しこつとうや》国立公園につながる森林の一部を開発してＭＩＣＥ施設やホテル、ショッピングモールなどを誘致するだけでなく、スキーやスケート、トレッキン

苫小牧市のIRのイメージ図

グ、乗馬、ハイキングなどのスポーツを楽しめる施設も導入します。
また競走馬の世界的な競り市として知られるセレクト・セールや世界的な音楽フェスティバルを開催するなど、北海道という地域の特性を生かしたＩＲを提案しています。さらに氷室・地熱・太陽光発電を取り入れた低炭素エネルギーネットワークを構築する構想も打ち出しています。

苫小牧統合型リゾート推進協議会は、苫小牧でのＩＲが実現するよう、この構想を誘致活動に生かしていく方針です。

「万博」との二枚看板狙う大阪

大阪府・市のＩＲの基本コンセプトは「世界最高水準の成長型ＩＲ」で、「大阪・関西の持続的な経済成長のエンジンとなるＩＲ」を目指しています。ＩＲの候補地である大阪湾の人工島・夢洲は、二〇二五年の国際博覧会（万博）開催予定地でもあります。構想ではＩＲの敷地面積は約六十万平方メートル、延床面積は約百万平方メートルに達し、一万二千人規模の国際会議にも対応するＭＩＣＥ施設や客室数三千以上のホテルを備える計画です。

また伝統・文化・芸術等のコンテンツに気軽に触れられる施設の整備も計画しており、「大阪・関西・日本の魅力を効果的に発信する」としています。

大阪府・市は二〇二四年のＩＲ開業を現時点の目標にしています。大阪では二〇二五年に万博の開催を予定しています。ＩＲと万博の二枚看板で関西経済をさらに盛り上げる計画を描いているのです。

大阪府・市は二〇一四年に「大阪における統合型リゾート（IR）立地に向けて〜基本コンセプト案〜」を発表し、二〇一九年二月にはゲーミング会社などから事業プランを募集する際の指針として「大阪IR基本構想（案）」を策定しています。

またIRを誘致する際のアドバイザーとしてイギリス系コンサルティングファームのPwCコンサルティング合同会社を選出しました。

松井一郎大阪市長は大阪府知事時代に「他の地域より突出して準備が整っている」と発言しています。

「多様な観光資源を活かす」と和歌山県

和歌山県も二〇一八年五月に「和歌山県IR基本構想」を発表しました。

候補地は、関西国際空港からのアクセスが良い和歌山市南部にあるリゾート「和歌山マリーナシティ」です。四十万平方メートルの敷地の半分強に当たる二十万五千平方メートルをIRに活用する計画で、「多種多様な観光資源を生かし、世界とも競争できるクオリティを持つリゾート型ＩＲを推進する」としています。

またギャンブル依存症や破産リスクを防ぐため、利用金額の上限を設定できる「ＩＲカード」を導入するなど、独自の対策も検討しています。大阪府・市と同様に二〇二四年度の開業を目指し、「大阪と和歌山にＩＲができた場合、旅行客が両府県を回遊することで相乗効果が生まれる」と期待を寄せています。

ハウステンボスを中核に構想する長崎県

長崎県では二〇一八年四月、県の有識者会議が「長崎ＩＲ基本構想」をまとめました。

目指すのは「ユニーク・マリンＩＲ」です。「海外との貿易・交流とともに発展してきた長崎の歴史を踏まえて、海や島など自然を活用した独創的なＩＲを実現する」と長崎県は表明しています。

建設地として候補に挙がっているのは、佐世保市のテーマパーク「ハウステンボス」がある一帯です。長崎県と佐世保市、ハウステンボスを経営するハウステンボス社は、ＩＲの誘致に成功した場合、同社が所有する土地の一部を佐世保市に売却することで合意しています。

売却予定の土地は約三十万平方メートルで、「ハウステンボス」の敷地面積全体の約五分の一に当たります。百年以上の伝統を持つオランダ・アムステルダムのホテルを再現した「ホテルヨーロッパ」や、コテージ風のホテル「フォレストヴィラ」など人気の宿泊施設も含む土地ですから、ハウステンボス側からすればかなり思い切った決断でしょう。大村湾に面する風光明媚な土地を確保し、地域間競争に勝ちたい地元の思いがにじみ出ています。

小池百合子都知事は慎重な姿勢

首都圏では動きがあるのでしょうか。

千葉市は幕張新都心での導入の可能性を検討してきましたが、積極的な誘致活動はしていません。

一方で、地元企業などでつくる一般財団法人「ちばの未来」が、草の根活動によって誘致の機運を高めようと幕張新都心へのＩＲ誘致を目指す試案をまとめています。

東京都では石原慎太郎氏が知事だった一九九九年に「お台場カジノ」構想を打ち出して話題になりました。後任の猪瀬直樹氏もＩＲ誘致に積極的でしたが、後に続く舛添要一氏が「私にとって優先課題ではない」と冷水を浴びせ、東京のＩＲ構想は前向きな議論が下火になった印象です。

現在の小池百合子知事は「メリット、デメリットを検討する」と慎重な姿勢を崩していません。ただ、先ほど紹介した政府による自治体への意向調査ではＩＲ導入について「申請を検討中」としているので、どこかのタイミングで誘致を表明する可能性はゼロではありません。その場合、臨海副都心や豊洲への移転が完了した築地市場跡地などが有力だと見られています。

横浜市はどうでしょうか。林文子市長は「ＩＲ誘致は白紙」との発言を繰り返していますが、二〇一八年に「ＩＲ誘致の是非を問う判断材料にする」という名目で、ゲーミング会社などからＩＲの構想案を募っており、それを「事実上の誘致表明」と見る向きも無いではありません。また横浜商工会議所はＩＲ誘致に積極的で、年内にＩＲ推進協議会を設立する意向を表明しており、再開発が予定される山下ふ頭とその周辺エリアを候補地として挙げています。

二〇一九年夏に国は基本方針を発表予定

では今後のスケジュールはどうなっているのでしょうか。

【図表⑧】をご覧ください。ＩＲ開業までのプロセスをまとめてみました。ここからのスケジュールについて確認していきましょう。

二〇一八年七月にＩＲ実施法が成立したことは何度も触れました。

次の大きな節目はＩＲを誘致する地域の選定基準についての基本方針の策定で、国土交通相が二〇一九年夏に発表する予定です。

この基本方針によって「いつまでに申請しなさい」という期限や、それぞれのＩＲの構想を評価する際の基準が示される見通しです。経済効果やギャンブル依存症対策

図表8 IR開業までの今後のスケジュール

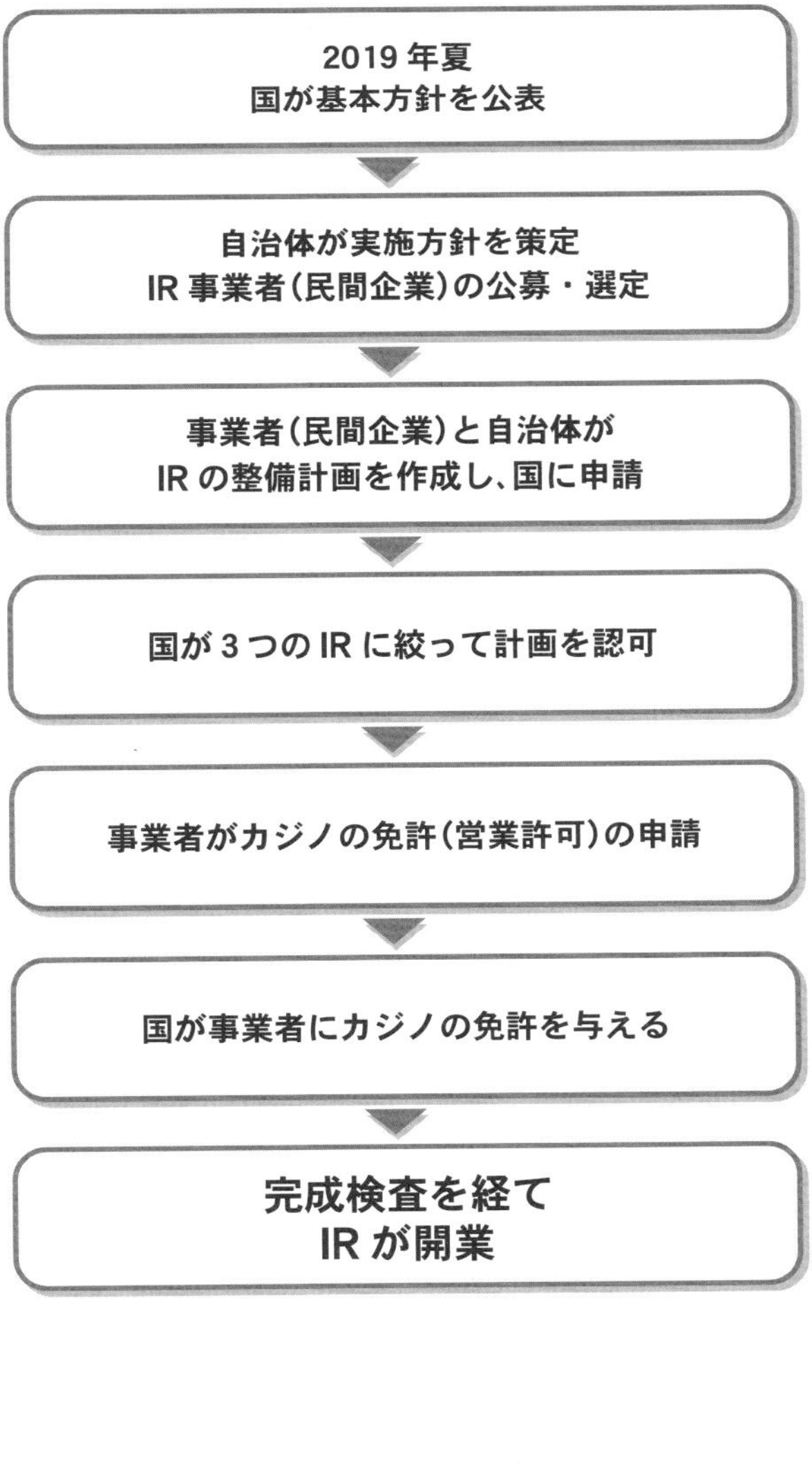
2019年夏
国が基本方針を公表
自治体が実施方針を策定
IR事業者（民間企業）の公募・選定
事業者（民間企業）と自治体が
IRの整備計画を作成し、国に申請
国が3つのIRに絞って計画を認可
事業者がカジノの免許（営業許可）の申請
国が事業者にカジノの免許を与える
完成検査を経て
IRが開業

などの項目が設けられるのは間違いないでしょう。

この基本方針を受けて、自治体は国からの認可を目指し、ＩＲの構想を具体的な計画として練り上げていくことになります。

そのプロセスは以下のステップを経て行われます。

ステップ1　自治体は国の基本方針に基づいて実施方針を作り、実際にＩＲの事業計画を練り、整備・開発を進める事業者（民間の企業）を公募、選定します。

ステップ2　自治体に選ばれた事業者（民間の企業）は、自治体とともに、どんなコンセプトに基づき、どんな施設を導入するかなどの整備計画と、収支の見通しなどの事業の基本計画をつくり、国に提示します。

ステップ3　国は基本方針で示した選定基準に基づいて、提示された計画の中から三つを選び、区域整備計画を認可してＩＲの開業を許可します。

そして認可を受けた三つのＩＲは、それぞれ民間企業が事業主体となって開業準備を進め、開業後の運営を主導することになります。

国から認可を得るまでは自治体と民間企業が連携し、認可を受けた後は民間企業にバトンタッチする――この仕組みと流れはＩＲの経済効果を考える上で極めて重要なポイントです。

と言うのも、これによってＩＲは公的資金つまり税金を基本的に使わず、あくまでも民間のお金で整備・開発・運営されるからです。

国は法律を制定してカジノ運営のルールを定め、監督を行うものの、カジノへの入場回数管理システムの整備などを除けば資金は出しません。

自治体は様々な支援を行いますが、認可を受けたＩＲの事業者である民間企業は、自らの努力で、金融機関からの融資や投資家からの投資を仰ぎ、建設・事業資金を集めなければなりません。開業後には利益を上げ、そこから再投資の資金を捻出しなければなりません。

つまりＩＲは民間主体で、地域経済の自立を目指すプロジェクトだと言えるでしょう。国の交付金や補助金による箱モノ建設プロジェクトや産業支援策とは違うのです。

日本のＩＲ、早ければ二〇二四年に開業

以上のようなステップを経て、ではＩＲはいつごろ開業する見通しでしょうか。

今紹介した三つのステップには、それぞれ満たさなければならない条件があります。例えば**ステップ２**で、整備計画を国に提出するには地元の合意形成が必要です。具体的にはＩＲの建設地となる地元住民の同意や、市町村議会での承認が欠かせません。そのためには自治体や事業者（民間企業）は公聴会を開催するなどして、地域住民の合意を形成しなければならないでしょう。

さらにこれらと並行してカジノについても申請から認可、開業までいくつものステップを経ることになります。

具体的にはまず二〇一九年七月以降に内閣府の外局としてカジノ管理委員会が発足する予定です。

今後ＩＲの事業者（民間企業）は、カジノの運営を行うゲーミング会社を選定した

後、カジノ管理委員会から事業免許を取得しなければなりません。

ＩＲの建設が実際に始まるのはここからで、完成までには数年かかるでしょう。それらの手続きや工期を考慮に入れて、大阪府・市や和歌山県・市は二〇二四年の開業を現時点での目標にしています。

他の国のＩＲとはどこが同じで、どこが違うの？

このような手続きを経て誕生する日本のＩＲについて、政府は日本型ＩＲと呼んでいます。

すでに海外にあるＩＲとはどう違うのでしょうか。

まずＩＲ実施法で定めた規制のもとで整備・建設・運営されます。

さらにＩＲ実施法は、ＩＲの中核施設として、日本の伝統・文化や芸術等を発信する「観光の魅力増進施設」と、観光客を国内各地へと送り出す「送客機能施設」を備えることを求めています。

「観光の魅力増進施設」とは具体的には日本の伝統・文化や芸術等を発信する劇場や音楽ホール、美術館などです。

これに基づいて、大阪府・市では茶道を体験できる施設や、日本の伝統的な食文化を楽しめるレストラン、工芸品の展示即売会を行う小売店など、関西の伝統・文化・芸術に触れられる施設の導入を検討しています。

一方「送客機能施設」として、周辺地域や全国の観光情報を発信する「ショーケース機能」と、ＩＲから目的地までの旅行計画の提案やチケットの手配などのサービスを一括して提供する「コンシェルジュ機能」を求めています。

ＩＲを訪れた外国人旅行者が「また日本に来てみたい」「その時はここに行ってみたい」と思えるような動機づけをＩＲで行うのです。

これには「ＩＲに来る外国人旅行者は、ＩＲ内ですべての楽しみを完結させるので他の地域にはお金を落とさない」と言う批判をかわす狙いもあるでしょう。

日本のＩＲを単なる滞在型の施設ではなく、日本の魅力を訴えるショーケースとして活用できれば、観光産業に与える効果はさらに大きくなるでしょう。

私の調査発表はそろそろ終わりです。

最後に今日の調査報告のまとめを振り返りたいと思います。

- **国や自治体は、経済活性化の切り札としてＩＲに期待している。**
- **ＩＲは地域にダイレクトインバウンドをもたらし大きな経済効果を与える。**
- **北海道、大阪府・市、和歌山県、長崎県などが誘致に向けて動き出している。**
- **ＩＲは公的資金つまり税金を基本的に使わず、民間のお金で整備・開発・運営される、民間主体で地域経済の自立を目指すプロジェクトだ。**

以上です。ありがとうございました。


「ＩＲは税金を基本的に使わず、民間主体で地域経済の自立を目指すプロジェクトだと言う指摘には『なるほど！』と膝を打ったよ」

お辞儀したＫ子に、シブチン先生はそう話しかけました。

「私は記者時代、交付金や補助金の副作用を嫌というほど見てきたからね。政府からお金を引っ張ってくることばかりに注意が向く自治体の職員や、自主独立の気概と起業家精神を失ってしまった経営者を何人も見てきたよ。ＩＲが民間主体で進められる点は希望だな」

「私もそれを知ってますます興味を惹かれました。それぞれのＩＲはどうやって他にはない魅力を打ち出し、訪日客や国内の客を誘致しようとしているのか。ぜひ現地を訪ねてみたいわ」

「いよいよ現地取材ですね」

Ｊ平が言い、Ｋ子がうなずきます。

コラム

シブチン先生のIR講座Ⅱ

その5 インバウンドとアウトバウンド

インバウンド（Inbound）という言葉を最近、新聞や雑誌などのメディアでよく見かけるようになりました。「外国人が訪れる旅行」を意味する英語で、「日本へのインバウンド」とは訪日旅行のことです。反対に自国から外国へ出かける旅行、つまり海外旅行をアウトバウンド（Outbound）と言います。

日本は多様性に富む美しい自然や歴史に裏打ちされた豊かな文化がありながら、それらの魅力をアピールする努力や航空路線の拡大が不十分だったため、訪れる外国人旅行者数ではアジアの中でも中国やマレーシア、タイ、シンガポールの後塵を拝していました。

しかし二〇〇八年に観光庁を設置し、中国や東南アジアからの旅行者のビザ発給要件を緩和したり、航空路線の拡大に力を入れたりした結果、外国人旅行者数は二〇一三年以降急増しています。

二〇〇五年に六百七十万人だった外国人旅行者数は、十年後の二〇一五年には一千九百七十三万人と三倍近くに増え、前にも触れたように二〇一八年は三千百十九万人とついに三千万人を超えました。

その6／カジノ税って何？

ＩＲのお金の流れ、すなわち収支構造は独特だと言っていいでしょう。

ＩＲには、ホテルやエンタテインメントなどのノンゲーミング施設からの収入と、ゲーミング施設つまりカジノからの収入があります。ゲーミング施設が得る収入を「Gross Gaming Revenue」の頭文字をとってＧＧＲと呼びます。日本のＩＲの場合、カジノへの来場者から一人当たり六千円の入場料も得る予定です（日本人のみ。外国人は無料）。海外のＩＲでは、ゲーミング施設の収益性が高いことから、ＧＧＲに対して国や自治体への納付金を課しており、「カジノ税」などとも呼ばれています。

日本のＩＲも、ＩＲ実施法に基づき、ＩＲ事業者からＧＧＲの三十％の納付金を徴収する予定です。それらは国と都道府県にそれぞれ十五％ずつ納められ、ギャンブル依存症への対策に使われるほか、観光や福祉、文化芸術など、市民生活の様々な分野の振興に充当することが検討されています。

人件費などの経費や税金を支払った後に残る税引き後利益は、ホテルやエンタテインメントなどノンゲーミング施設を中心に再投資され、ＩＲの充実や拡大につなげていきます。再投資の財源はカジノの利益が中心になるでしょう。

その7／ネイティブ・アメリカンとカジノ

アメリカのカジノ市場は、西海岸のラスベガスの業者と東海岸のアトランティックシティの業者が二分してきました。この二大勢力の独占に風穴を開けたのがネイティブ・アメリカン（アメリカ先住民）による「インディアン・カジノ」でした。なぜそれができたのでしょうか。

背景には開拓時代に先住民を見舞った苦難の歴史があります。一八三〇年に「インディアン移住法」が制定され、多くの先住民が白人のいないオクラホマ州などに強制的に移住させられました。さらに彼らの貴重な衣食住の糧、バッファローが次々に捕獲されて絶滅の危機に瀕してしまいます。十九世紀の末には、ネイティブ・アメリカンは居留地に押し込められて貧困にあえぐことになります。

「奪われた権利を取り戻せ！」「先住民の居留地は連邦政府から独立した『国家』である」――こうした考えが受け入れられ、一九八八年に「インディアン・ゲーミング規制法」が連邦議会で成立します。これによって永年虐げられてきたネイティブ・アメリカンは自分たちの居留地にカジノを設立し、独自の財源を手にします。そして多くの雇用を創り出し、地域社会を再建していったのです。

一九九二年にはコネティカット州の深い森の中に「フォックスウッド」というカジノが誕生し、ニューヨークやボストンから多くの客を集めて、アトランティックシティを脅かすまでに成長を遂げました。現在「フォックスウッドに続け！」とばかりに五百六十一ある部族の居留地の多くにカジノが作られています。こうして「インディアン・カジノ」は地域の暮らしぶりを大きく塗り替える推進力になっていったのです。

第3章

「IR」は地元をどう変えるの？

前回から二週間後、K子、J平、シブチン先生の三人は三回目の会合を持ちました。誘致に手を上げている自治体への現地訪問・取材を踏まえての発表会です。

北海道室蘭市出身のJ平は、新千歳空港の近くにIRの誘致を構想している苫小牧市を、三歳まで大阪市住吉区で過ごしたK子は、大阪湾に浮かぶ人工島・夢洲にIRを建設すると表明している大阪を訪ね、現地の状況、空気を肌で感じてきました。

まずは苫小牧市を訪ねたJ平の発表です。

「建設候補地が空港からとても近いのに驚きましたし、IRを誘致したい苫小牧市の現状もよくわかりました。苫小牧市にIRが誕生したら、その成否を分かつ鍵は北海道らしさを打ち出せるかどうかだと僕は思います」

J平はそう前置きして、話し出しました。

北海道のIR建設候補地・苫小牧市の現状

こちら（109ページ）の写真をご覧ください。苫小牧市の北東に位置するIRの建設予定地の様子です。僕が訪れた時、北海道にはようやく春がやって来たばかりでしたので、まだ葉をつけていませんが、あたりはブナやカラマツ、白樺などの原生林がうっそうと生い茂るなだらかな丘陵地帯です。

とても広いんですよ。高台に立つと、このような原生林がどこまでも続く光景が目の前に広がります。遠くには樽前山がそびえ、支笏洞爺国立公園にもつながっています。

驚いたのはその立地です。地元でIRの誘致に携わる関係者に車で案内してもらったところ、北海道の空の玄関口である国際空港の新千歳空港から、建設予定地までの所要時間は、ほんの十分ほどでした。

以前（第1章で）、韓国の仁川国際空港に隣接するIR「パラダイスシティ」を紹介しましたよね。国内外からのアクセスは、この東アジア初の本格的なＩＲに匹敵します。

建設候補地では環境保護活動が

前々回の発表でK子さんが報告したように、苫小牧市のＩＲが建設に着工できるのは先のことです。そのためには国が指定する三つのプロジェクトのうちの一つに選ばれなければなりません。

着工はどんなに早くても二〇二〇年以降になりそうですが、現地では今、興味深い取り組みが始まっています。

それは環境保全活動、具体的には建設予定地の原生林内に生息するタカなどの希少な猛禽類の保護です。

もともとは建設予定地の地権者である企業が、ＩＲの建設が始まった場合には環境面でどのような配慮が必要なのかを検討するために、森林の調査を始めたのがきっか

苫小牧市のIR建設予定地の風景

けでした。鳥類を研究する専門家などに協力を依頼して、猛禽類の生息状況についての調査を行ったのです。

その結果、オオタカやノスリの巣が十数個確認されました。

もしＩＲの建設が始まったら、ブルドーザーなどの重機が原生林内に入り、オオタカやノスリの巣が作られているカラマツなどの樹木を伐採してしまうかもしれません。

調査チームは検討を重ね、数年の歳月をかけて、オオタカやノスリの生息地を建設予定地の外へと移動させる試みを始めました。

そのやり方はこうです。オオタカやノ

スリが使っている古巣を、ロープを張るなどして使えないように封鎖し、そこから二百メートル以内の樹木に人工の巣をつくって、そちらに戻ってくるように仕向けていきます。

なぜ二百メートル以内かと言えば、それ以上離れた場所に人工の巣をつくるとオオタカやノスリは戻ってこないことが経験上わかっているからです。

このため一回の作業で移動できるのは最長でも二百メートルに過ぎません。一方で建設予定地は広大なので、オオタカやノスリの生息地を建設予定地の外に移動させるのには数年の歳月が必要なのです。

保護活動は効果を発揮しているのでしょうか。プロジェクトチームは人工の巣で繁殖しているオオタカやノスリをすでに確認しています。手ごたえを感じているとのことで、彼らは今後も地道に作業を続けていく方針です。

いきなりなぜ環境保全への取り組みの話から始めたのか。

この活動に見られるような自然との共生への取り組みは、苫小牧市のＩＲの魅力を高めてくれる可能性があると思うからです。

とはいえ、僕の意見を述べるのはもう少し後にしましょう。今しばらく現地報告を続けたいと思います。
次にお話ししたいのはＩＲを誘致したい苫小牧市の現状です。

製造業が頭打ち、人口減が進む

【図表⑨】をご覧ください。苫小牧市の人口の推移です。

二〇一三年に十七万四千四百六十九人だった人口は、二〇一八年には十七万一千八百十一人と、この五年間で二千六百人超も減っています。さらに国立社会保障・人口問題研究所の推計では二〇四〇年には十四万人にまで減少する見込みです。

大きな原因の一つは、二十代から四十代までの若年層の市外への流出です。

苫小牧市は、王子製紙の主力工場である王子製紙苫小牧工場や、トヨタ自動車の子会社で自動車部品を生産するトヨタ自動車北海道の本社工場などを擁し、北海道のモノ作りの拠点として栄えてきました。

しかし、ここ数年は紙にしても自動車にしても国内市場の縮小に見舞われており、苫小牧市のモノづくりの出荷額（製造品出荷額）は、二〇一五年の一兆四千七百億円から、二〇一六年の一兆一千六百億円へと減少傾向をたどっています（※**【図表⑩】**参照）。

ＯＢ懇談会で、二〇二〇年一月には日本製紙が北海道での紙の生産体制を大幅に縮小すると話しましたよね。

その一つとして、苫小牧市にある北海道工場勇払事業所での新聞用紙や上質紙などの生産を終了する予定です。北海道工場勇払事業所には二百数十人の社員が働いていて、電力事業などへの配置転換で雇用は維持するものの、市外へ異動となる社員は少なくないそうです。協力会社で働く二百数十人の社員の雇用も気になります。

落ち込んでいるのはモノづくりだけではありません。市街地の目抜き通りを歩くと、シャッターを閉ざした店舗が目立ちます。街を歩く人たちは「十年前、二十年前に比べてお店が随分減ってしまった」と口を揃えます。

かつて苫小牧駅前には、一九七七年に出店したダイエーがあり、多くの客で賑わっていました。しかし二〇〇五年に撤退してしまい、入居していた建物は今でもテナントが入らず、大げさに言えば廃墟のように駅前にたたずんでいます。

図表 9 苫小牧市の人口推移
——2013 年を境に減少し続けている

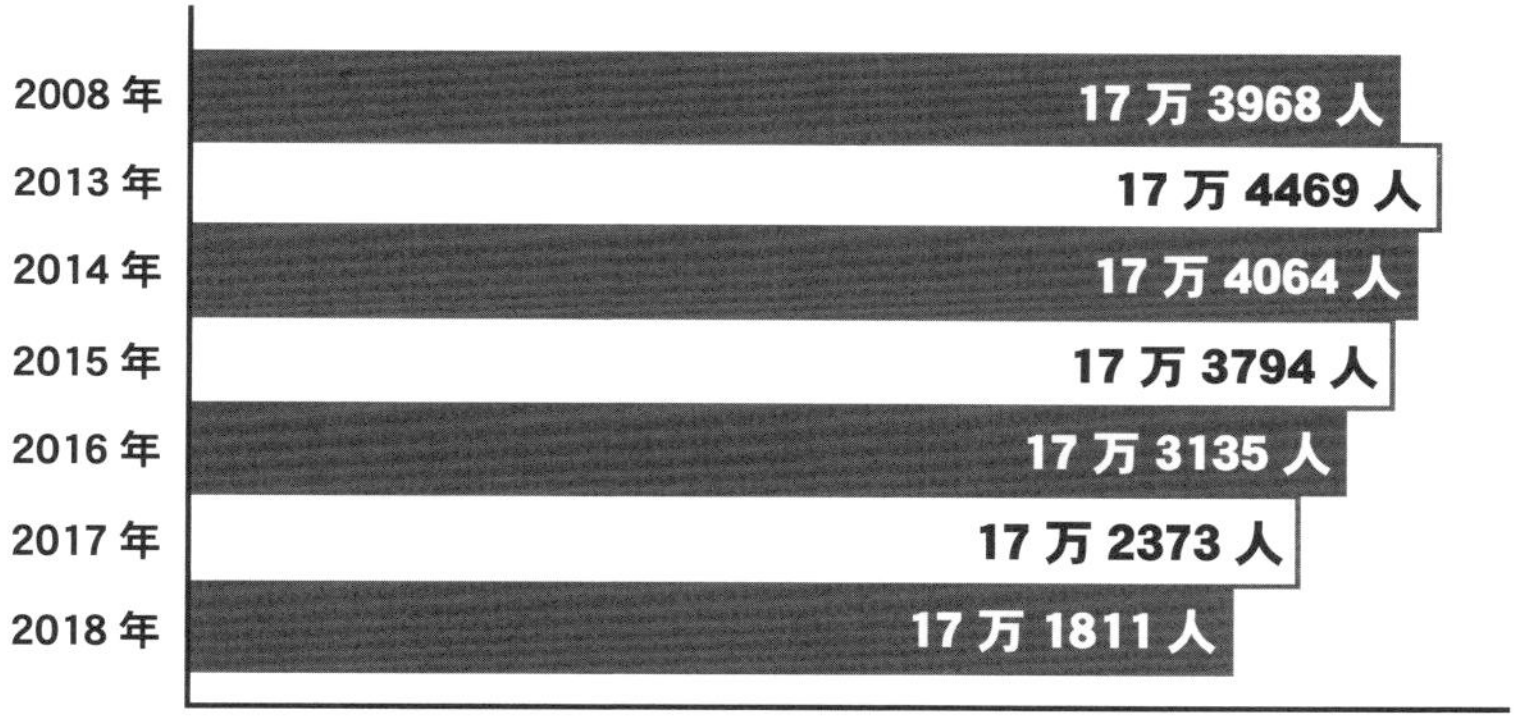

平成 30（2018）年版苫小牧市統計書より

図表 10 苫小牧市の製造出荷額の推移
——2015 年から減少に

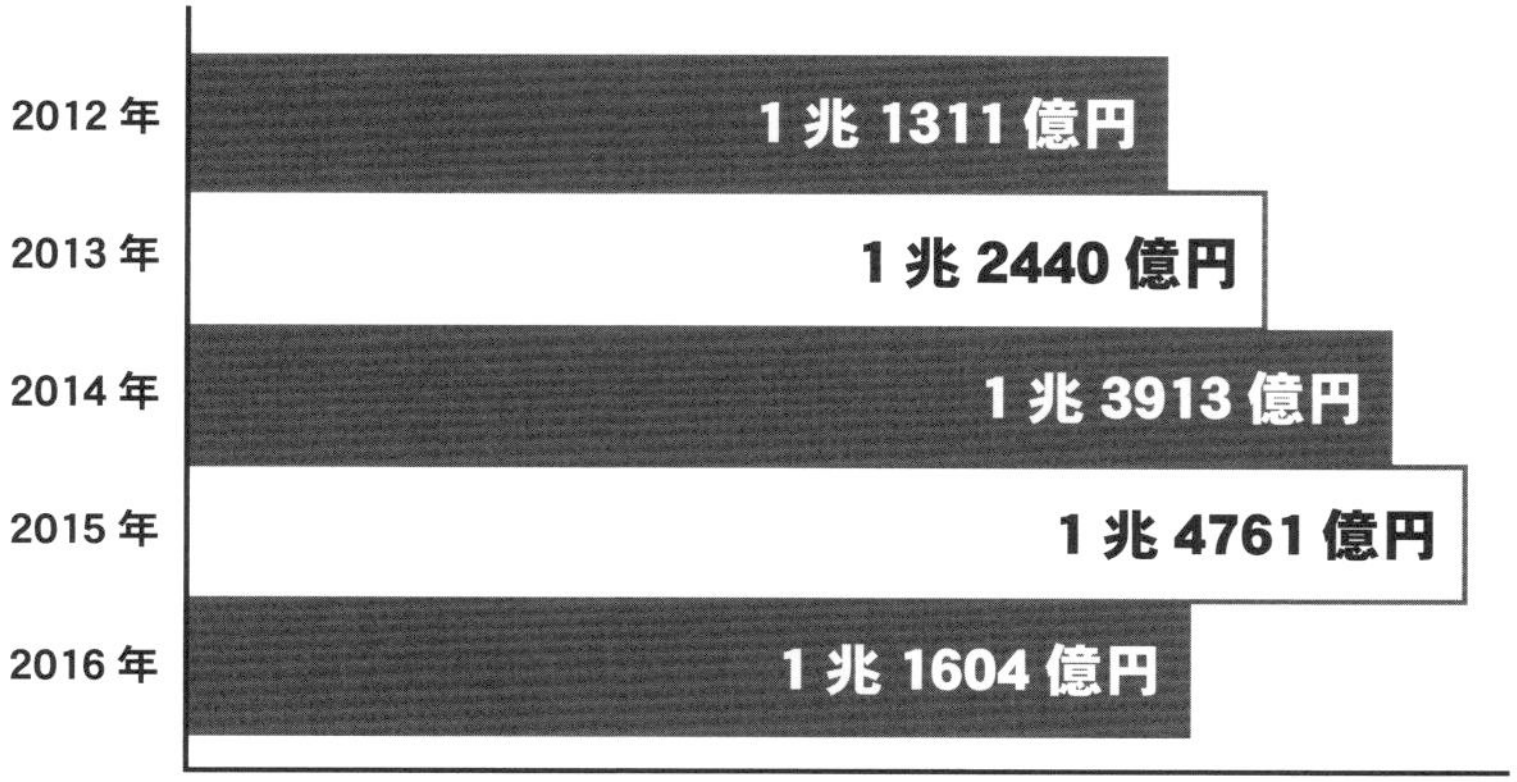

平成 30（2018）年版苫小牧市統計書より

このようにしてモノづくりや小売りなどの主要産業で雇用が失われ、少なからぬ働き手が新たな仕事を求めて市外に流出してしまっているんです。

今、思い切った手を打たないと……

今回の現地調査・取材では苫小牧市役所の方にもお話を聞くことができました。彼は市の現状について真摯にこう語ってくれました。

「苫小牧市は北海道のモノ作りの拠点として、また国内で第四位の港湾貨物取扱量を誇る港町として栄えてきました。しかし人口やモノづくりの出荷額の減少など、衰退の影はじわじわと忍び寄っています。その速度はゆっくりですが、このままでは将来、税収が減り、財政状態が悪化して、教育や福祉といった行政サービスの提供や、道路や水道に代表されるインフラの維持がままならなくなってしまいかねません。

市としては、それを何とか食い止めるために住民税などの住民負担の増加に踏み切らざるを得なくなるかもしれません。そうならないように、まだ余裕がある今のうちに、市の経済を活性化させる思い切った手を打たないと手遅れになってしまいます」

付け加えれば、人口やモノづくりの出荷額の減少などは、北海道全体が直面する課題に他なりません。

北海道の総人口は若年層の首都圏への流出などによって減少し続けており、先に紹介した国立社会保障・人口問題研究所の推計では、二〇四〇年には四百二十万人と、二〇一〇年に比べて二十五パーセントも減ってしまうと予測されています。

モノ作りも低迷しています。ここ数年、北海道各地で工場の撤退、閉鎖が相次いでいます。二〇一九年三月に、石油元売り最大手JXTGエネルギーの室蘭製造所が赤字に伴う合理化で石油化学製品の生産を停止した話も（プロローグで）しましたよね。重工業に依存してきた鉄の町、室蘭市にとっては痛手です。しかも室蘭製造所などの工場の夜景を新しい観光名所にしようと室蘭市が計画していた矢先の撤退でした。

契約社員として地元のホームセンターに勤める僕の友人が非正規で働き続けることに不安を感じていて、東京で正社員として働ける仕事を探そうと考えているのも、こうした状況が未来への心配を募らせているからだと思います。

厳しい言い方をすれば、北海道はこれまで公共投資に依存してきたため、新たな産業を誘致したり創出したりして、自ら雇用を生み出す民間活力が十分に育たなかったのだと思います。

そんな苫小牧市と北海道にとって、ＩＲの可能性は大きいと思います。

Ｋ子さんは前回の報告（第２章）で、国から認可を得るまでは自治体と民間企業が連携し、認可を受けた後は民間企業にバトンタッチする——この仕組みと流れはＩＲの経済効果を考える上で重要なポイントだと言いましたよね。

「ＩＲは公的資金つまり税金を基本的に使わず、民間のお金で整備・開発・運営される」と。

民間主体で、地域経済の自立を目指すプロジェクトでもあるＩＲは、これまでの北海道の経済システムを変えてくれるのではないかと僕は期待しています。

苫小牧市のＩＲ、他にはない強みとは？

さて、先ほど僕は、今日の発表を猛禽類の保護という環境保全への取り組みの話から始めた理由について、苫小牧市のＩＲの魅力を高めてくれる可能性があると思うからだと話しました。

と言うのも、今回、現地を取材して、苫小牧市の豊かで美しい自然は何ものにも代えがたい魅力だと僕は確信したのです。

例えばＭＩＣＥです。苫小牧市にＩＲが誕生したら、参加者はこんな体験ができるようになるはずです。午前中、周囲の自然との調和を考えて建設された国際会議場で全体会議に出席し、昼食後は分科会に参加するため遊歩道を歩いて森の中に点在するコテージに向かう。翌日は朝早くバードウォッチングのオプショナルツアーに参加して原生林の中を歩き、オオタカやノスリの様子をそっと窺《うかが》う。

食事はどれも、世界的なブランドが少なくない北海道の食材を用いて供される。

冬には会議に出席した後、ウィンタースポーツとスパで気分転換する——。しかも、これらの体験を国際空港である新千歳空港から車で十分の距離で味わえるのです。苫小牧市のＩＲはうまくいけば、決して大げさではなくスイスのダボスにも匹敵するリゾートになり得ると思います。

ダボスは人口一万数千人の小さな町ですが、ＭＩＣＥとスキーなどのウィンタースポーツで世界中から旅行者を誘致し、今では著名な経営者や政治家、学者、ジャーナリストらが集まって世界の様々な問題について議論する世界経済フォーラム、通称ダボス会議の開催地として世界的に有名です。

苫小牧市のＩＲは一方で、観光客にとっては北海道観光の拠点にもなり得ます。苫小牧市は観光地としてのイメージはそれほど強くはありませんが、ＩＲの建設予定地の周辺には樽前山や支笏湖など雄大な景観を誇る名勝が少なくありません。

また周囲にはゴルフ場が数多く集まり、カヌーやヨットを楽しめる拠点も間近です。

これはあくまで僕の個人的な意見ですが、ＩＲの建設と並行して、苫小牧駅や港周辺をアメリカのサンフランシスコの海岸沿いにあるフィッシャーマンズワーフのように再開発したら賑わいが生まれるのでないでしょうか。

フィッシャーマンズワーフには数多くの土産物店やシーフードの屋台、レストラン、水族館などが集まり、世界中から観光客が訪れています。港は海運の拠点であるだけでなく、観光資源としても大きな可能性を持っているのだと思います。

これで僕の発表を終わります。結論を言えば、**ＩＲは北海道の豊かな自然や食べ物、文化を発信する拠点になり得るとともに、民間主体のプロジェクトであることから、公共投資依存だった北海道経済を変えてくれるのではないか**と期待しています。

大阪のＩＲ建設候補地は人工島

続いてＫ子が教壇に立ちました。Ｋ子が三歳まで過ごした大阪を訪問したのは十数年ぶりでした。梅田や心斎橋、難波など中心市街地の活況ぶりは驚きでしたが、足元には見過ごせない問題も横たわっています。「**ＩＲはインバウンドに湧く大阪の勢いをさらに後押しするでしょう。私が期待する大阪のＩＲの魅力はズバリ夜です**」

図表⑪ 大阪を訪れた外国人旅行者の推移
——4年で3倍に

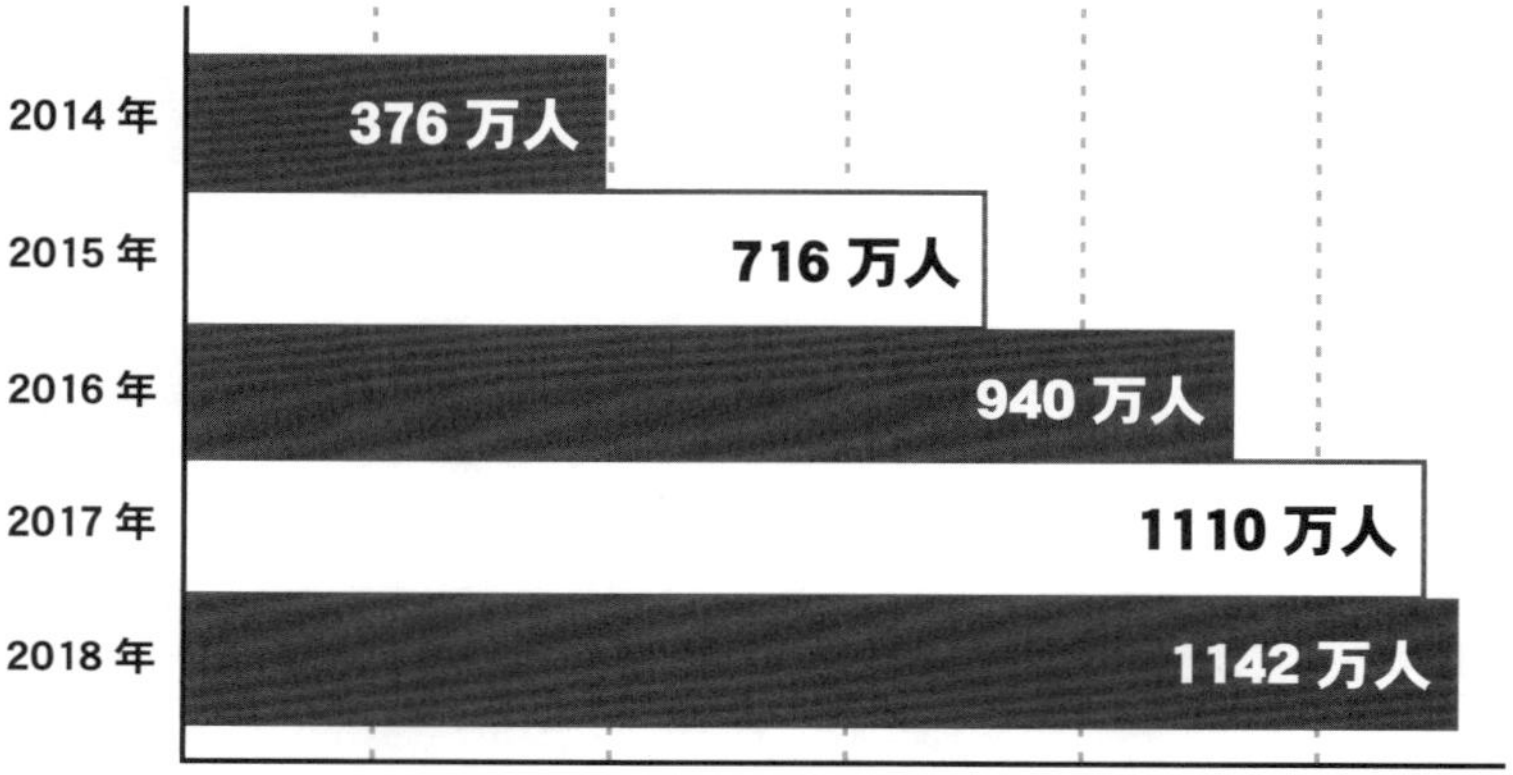

日本政府観光局（JNTO）の集計を基に大阪府が独自に推計

大阪は今、インバウンドに湧いています。大阪観光局が独自に推計した速報値によれば、二〇一八年に大阪を訪れた外国人旅行者は前年より三十二万人多い一千百四十二万人に達し、六年連続で過去最高を更新しました（※【図表⑪】参照）。また観光庁がまとめた外国人観光客の訪問率でも大阪は二〇一八年一～三月期、四～六月期の二期連続で全都道府県中一位となっています。大阪は日本でも最も外国人旅行者に愛されている都市だと言っても過言ではないでしょう。

大阪が外国人旅行者を引き付ける大きな理由は、魅力的な観光・レジャースポットの存在です。

二〇〇一年三月、大阪市の湾岸地区（此花区《このはなく》）に開業したユニバーサル・スタジオ・ジャパン（ＵＳＪ）は今やアジアを代表するテーマパークに育ちました。なにわのシンボルである大阪城にはここ数年、毎年百万人以上の観光客が訪れており、その半数以上が外国人旅行者です。

インバウンドの盛り上がりによって、観光・宿泊業は大きな恩恵に浴しています。大阪市内にあるホテルの客室稼働率は二〇一五年から二〇一八年まで三年連続で全国一位となりました。

製造業の地盤沈下は懸念材料

では大阪経済が順風満帆かと問えば、決してそうだとも言いきれません。足元には切実な問題が横たわっています。モノ作りを担う製造業の地盤沈下です。

経済産業省の工業統計調査を見ると、大阪府内にある従業員四人以上の事業所は、二〇〇六年から二〇一七年の十一年間で七千九百軒も減ってしまいました。廃業、倒産、転出が理由です。

とりわけ見過ごせないのが東京を中心とする他の地域への転出で、帝国データバンク大阪支社の調査では二〇〇八年から二〇一七年の十年間で大阪府から転出した企業は二千二百六十三社に上りました。

シブチン先生もJ平くんも関西発祥の企業グループと言えば、すぐに住友グループの名前が浮かびますよね？

ところが関西発祥企業の代表格である住友グループでさえ、いまやその多くが東京に本社機能を置いています。例えば旧住友金属工業は二〇一二年に旧新日本製鉄と合併した際、東京に本社を移転しました（現社名は、日本製鉄）。

製造業を中心に企業が減少すれば雇用は失われ、仕事を求める若年層を中心に東京などへと人口も流出していきます。総務省の統計では、大阪府から東京圏に転出した人の数は、二〇一四年から二〇一八年まで五年続けて一万人を超えています。

そんな大阪府・市にとって、ＩＲはインバウンドの盛り上がりを後押しするだけでなく、人口流出を食い止める力にもなり得るでしょう。

大阪のＩＲは「建設に伴って新たに七万五千人の雇用を生み、接客や運営、経営管理の仕事などで年間八万八千人の雇用を支える」との試算を、以前（第2章で）紹介しましたよね。

また大阪のＩＲで関西圏の優れたモノ作りの技術を発信すれば、世界から注目されて、新たなビジネスチャンスがきっと生まれるはずです。

製造業の地盤沈下と言いましたが、その潜在力は今もなおとても強いと私は思っています。例えば東大阪市には約六千社もの町工場が集積しており、他の追随を許さない独自の技術や優れた加工技術を持つ中小企業も少なくありません。

東大阪の町工場が結集して打ち上げに成功した人工衛星の「まいど1号」をご記憶ですよね？　あのプロジェクトは東大阪の町工場が持つ高い技術力を日本中に示した事例だと言えます。また、あまり知られていませんが、オリンピック競技にも、軽くて丈夫な自転車競技用ヘルメットや曇らないスイミングゴーグルなど、東大阪の町工場がつくった製品がいくつも使われています。

これらの技術や製品を国際会議の場で紹介したり展示場に陳列したりすれば、広告宣伝効果はとても大きいのではないでしょうか。

成否を分かつ
ナイトタイムエコノミー

そろそろまとめに入りたいと思います。先ほど私は「期待する大阪のＩＲの魅力はズバリ夜です」と言いました。

深夜まで楽しめるエンタテインメントをＩＲ内の施設で提供したり、夕食後に大阪の街に繰り出すオプショナルツアーを提供したりしたら、大阪らしさを発揮できるのではないかと思ったからです。

シブチン先生もＪ平くんもご経験があるかと思いますが、ニューヨークやロンドン、パリのような欧米の主だった都市に行くと、深夜まで音楽のライブ演奏やミュージカルなどの演劇を楽しめる、いわば大人の夜遊び文化が根付いているのに驚かされるのと同時に感心させられますよね。

欧米ではこうした「大人の夜遊び」文化が海外から観光客を呼び込む魅力の一つになっています。

例えばニューヨークのブロードウェイで深夜十一時ごろまで開演されているミュージカルを目当てに、海外やアメリカ各地からやってきた観光客が落とすお金は、観劇やその後の飲食を合わせると年間一兆円超と試算されているんですよ。

エンタテインメントを中心とする夜間の経済活動のことをナイトタイムエコノミーと言います。ニューヨークのナイトタイムエコノミーはブロードウェイの経済効果だけで一兆円を超えるんです。

では日本の都市はどうかと言えば、外国旅行者が楽しめる夜のエンタテインメントは欧米の主要都市に比べると物足りないのが実情です。

東京には、巨大ロボットがダンスを繰り広げる新宿歌舞伎町のショウパブ「ロボットレストラン」や、きゃりーぱみゅぱみゅのライブ演出を手掛けるアートディレクターの増田セバスチャン氏がプロデュースした原宿のレストラン「カワイイ モンスター カフェ」など、海外でも頻繁に紹介される、外国人旅行者にとっての有名な夜遊びスポットがあります。

しかし他の都市では夜の楽しみをなかなか見つけられません。とりわけ地方中核都市では、外国人旅行者は、昼間は観光に買い物にと忙しくても、夕食後は時間を持て余している人が決して少なくないのです。

そんな日本の都市の中で、大阪はナイトタイムエコノミーに力を入れ始めています。その代表的な舞台は多くの外国人旅行者で賑わう大阪城公園です。

夜も和の舞台を楽しめる新劇場がオープン

二〇一七年十月、大阪城天守閣の近くにある歴史的建造物の旧第四師団司令部庁舎（元大阪市立博物館）」を改装して、飲食や物販の複合施設「ミライザ大阪城」を開業しました。レストランは夜十時まで営業しており、天守閣を眺めながら料理やアルコールを楽しめる施設として今では外国人旅行者の人気スポットになっています。

続いて二〇一八年十二月からは、映像を投影するプロジェクションマッピングを使った、夜の体験型イベントを大阪城公園内で開催しています。

さらに二〇一九年二月下旬には大阪城公園の中に、外国人旅行者をターゲットにした国内最大規模の劇場、クールジャパンパーク大阪が開業しました。官民ファンドのクールジャパン機構が吉本興業やエイチ・アイ・エス、在阪民放局などと組み、約二十億円の建設費用を投入して完成させた施設です。

ここでの売りは「外国人でも言葉の壁がなく楽しめる公演」です。開業二日後から半年間の長期公演で始まった「ＫＥＲＥＮ（ケレン）」はその言葉通り、一時間十分の上演中ほとんど台詞がなく、ダンサーの踊りとデジタルアートの映像が続きます。内容もサラリーマンが群舞を見せたり僧侶がタップダンスを踊ったりと、外国人が好みそうな日本を詰め込んでいます。

それ以上に私が注目したいのはその上演開始時刻です。ゴールデンウィーク以降は昼間や夕方だけでなく十九時からの公演が予定されています。早めの夕食を食べた後、観劇できるような時間帯を設けているのです。

大阪城公園内のイベントや施設だけではありません。ＪＴＢ西日本は二〇一七年九月、梅田や心斎橋周辺にあるナイトクラブ約十店舗を三日間、自由に出入りできる「OSAKA NIGHTCLUB　PASS（大阪ナイトクラブパス）」を発売しました。繁華街を舞台にした「三日間限定の夜遊び定期券」ですね。

こちらも「夜遊びをしてみたいけれど、どこに行ったらいいのかわからない」と言う外国人旅行者の間で人気を呼んでいます。

大阪で官民挙げて夜の観光に力を入れ始めたのは、大阪観光局が二〇一七年に行った調査がきっかけでした。外国人旅行者が大阪でどのように過ごしているのかを探るため、外国人旅行者の無料WiFiの利用状況やフェイスブックなどSNSへの投稿内容について分析したのです。

その結果、外国人旅行者の午後十時から午前零時までの無料WiFiの利用件数は、午後八時から十時までに比べて約四割も減っていました。減少幅は日本人観光客の四倍です。SNSへの投稿についても、東京・新宿では午後十時以降でも飲食店や小売店からの投稿が多いのに、大阪では夜遅くになるとホテルなど宿泊施設からの投稿が目立ちました。

「外国人旅行者は新宿では夜を楽しんでいるのに、大阪ではホテルに戻ってきてしまっている。夜の楽しみがまだまだ知られていない」

そんな調査結果を踏まえて、大阪ではナイトタイムエコノミーのテコ入れを始めたのです。

逆に言えば、大阪ではナイトタイムエコノミーの伸びしろが大きいと言えますね。

夕食後、和の伝統を取り入れたパフォーマンスをＩＲ内の劇場で観賞したり、ＩＲを出発して大阪城公園でプロジェクションマッピングを使った体験型イベントに参加したり、そんな夜の楽しみを充実させたらＩＲ自体の魅力を高められるし、大阪のナイトタイムエコノミー全体を盛り上げる相乗効果も期待できるのではないでしょうか。

それに夜間のエンタテインメントやイベントは、新たな設備投資をすることなく劇場や飲食店の稼働率を上げられるので、ＩＲの稼ぐ力をいっそう高めてくれます。夜、カジノで非日常を楽しむのもいいですが、ＩＲの来場者の中でカジノへの入店者は一部でしょう。誰もが夜を楽しめるＩＲになってほしいと思います。

私の発表は以上で終わりです。

私はＩＲによってインバウンドがさらに盛り上がるだけではなく、モノづくりを担う製造業にもプラスになってほしいと思います。ご存じの通り大阪はパナソニックの創業地です。あの松下幸之助が大阪市内（当時の住所は大阪府東成郡鶴橋町）の借家で電球用ソケットの製造販売を手がけたのが始まりでした。関東大震災で工場を失ったシャープの創業者、早川徳次が再起を図り、ラジオの生産を始めたのも大阪です。

大阪のＩＲには夜の観光を活性化させるだけでなく、モノ作りを復活させる拠点にもなってほしいですね。

ＩＲ成功のための三つの条件

教壇を下りたＫ子と入れ替わり、Ｊ平が再び壇上に立ちました。

「今日の発表は当初、これで終了する予定でしたが、もう一つ重要なことを付け加えたいと思います。実は現地取材を終えた後、Ｋ子さんと二人でＩＲが成功するための条件を話し合ってみたんです」

Ｊ平はそう言って、Ｋ子と検討して導き出した三条件を発表しました。

「外国人の発想を活かすこと」

「高齢者を牽引役に親子孫の三世代を誘致すること」

「絶えざるリニューアル」。

J平の説明が始まります。

私たちは先ほど、それぞれのIRの強みを分析してみました。

「豊かな自然は苫小牧市のIRの強みになる」

「豊富な夜遊びのメニューは大阪府・市のIRの魅力を高めるはずだ」

私たちが敢えて言うまでもなく、IRの誘致を目指す自治体は今後、どんな強みを打ち出せるのか必死になって考えるでしょう。とりわけインバウンドを誘致するため、日本ならではの魅力を追求するはずです。

その際に重要なのは**「外国人の発想を活かすこと」**だと私たちは思いました。日本人だけで考えるのではなく、外国人の視点や発想を積極的に取り入れるべきではないか。何がインバウンドを誘致するための決め手になるのか、日本人だけで考えてもわからない部分が残るから――そう考えたんです。

シブチン先生は東京・渋谷駅前のスクランブル交差点が「シブヤクロッシング（クロッシングは交差点の意味）」と呼ばれ、外国人旅行者の観光スポットになっているのを知っていますよね。

「姫路駅」「渋谷交差点」「温泉猿」が人気!?

先日、渋谷のスクランブル交差点に集まってくる外国人旅行者に何が魅力なのか聞いてみたんです。カメラを構えていたカナダ人の旅行者はこう言いました。

「だって信じられないじゃないですか！　こんなたくさんの人たちがいろんな方向に横断しているというのに、誰一人ぶつからないなんて」

すると隣にいた欧米からの旅行者も、横断する人たちを興味深げにビデオで撮影しながらうなずいたんです。

横断する人の数は、世界で最も有名な交差点と言われるニューヨーク・タイムズスクエア前の交差点をもしのぐ。にもかかわらず正面へ斜めへと横断する日本人はぶつかりもせず涼しげな顔で整然と渡りきる——。

我々日本人にとってはごく当たり前の日常の風景ですが、外国人旅行者にはマジックにも映る非日常の光景で、それが人気の理由なんです。

同じような理由で、山陽新幹線の姫路駅ホームも外国人旅行者に注目されています。のぞみが通過する姫路駅は新幹線の最速ポイントの一つで、時速三百キロメートルで走り抜けていくそうです。東京・新大阪間を走るのぞみの最高時速（二百八十五キロメートル）よりも速いんですね。

目がくらむような猛スピードで列車が通り過ぎていくプラットホームは世界でも稀で、それが外国人旅行者を惹き付けているんです。

非日常と言えば、我々にとってはなじみ深い、温泉につかるニホンザルの姿も、外国人旅行者にとっては自国では見られない光景だそうです。そんな「スノーモンキー」を一目見ようと、志賀高原に近い長野県・地獄谷《じごくだに》野猿公苑《やえんこうえん》には毎年、欧米を中心に数万人もの外国人旅行者が訪れています。

これらはいささか極端な事例かもしれませんが、外国人旅行者は、我々日本人が当たり前に思っていたために気づかなかった日本の魅力を掘り起こしてくれる存在でもあるんです。

日本のＩＲならではの魅力を打ち出す上で、外国人の視点や発想を活かさない手はないと思いますね。

外国人社員を採用してアイデアづくりに加わってもらったり、外国人旅行者をモニターとして活用したり、いろんな方法が考えられるはずです。

祖父母が孫に使う消費額は訪日旅行消費を上回る

意外な数字があります。祖父母が孫のために支出したお金は、外国人旅行者によるインバウンド消費の二倍近くに達すると言うのです。

三菱総合研究所の二〇一五年の調査・試算によれば、祖父母が孫のために使ったお金は年間三兆八千億円、これに対して日本政府観光局（ＪＮＴＯ）が発表した前年（二〇一四年）のインバウンド消費は約二兆三百億円でした。

二つの数字は四、五年前のデータなので、今では逆転している可能性がありますが、祖父母が孫のために使った金額自体は驚くべき数字です。

支出したお金の内訳は「プレゼント・お祝い」（二十九％）が最も多く、「旅行・レジャー」（十九％）がそれに続きました。三菱総合研究所はこの結果について「孫と楽しい時間を過ごす『こと』消費へのニーズがうかがえる」と指摘しています。

このような祖父母による孫への支出を中心とする旅行やレジャー、外食への支出を「三世代消費」と呼ぶのは二人ともよくご存じですよね。

私は「三世代消費」こそ、インバウンドと並ぶ、日本のＩＲを成功させるための牽引役になると思っています。

まず祖父母の世代が持つお金が莫大です。

個人が持っている金融資産の総額は二〇一八年末時点で一千八百三十兆円に達します。実に日本のＧＤＰ（国内総生産）の三倍を超える金額です。

そしてこの莫大なお金の七割近くを六十歳以上が保有しているのです。祖父母世代は他のどの世代よりも高い消費能力を潜在的に持っていると言っても過言ではありません。

しかも高齢化の進展で「三世代消費」を引っ張る豊かな祖父母世代は今後ますます増えていきます。

ＩＲが祖父母世代に対して「孫と一緒に過ごしたい」と思わせるような魅力を提供できれば、「三世代消費」の鉱脈を掘り当てられるでしょう。

親子孫三代が一緒に楽しめるエンタテインメントやオプショナルツアーの提供、食事メニューや記念グッズの開発など、様々な可能性をぜひ検討してほしいと思います。

参考までに言うと、企業は今、業種・業界を問わず「三世代消費」を獲得するために知恵を絞っています。

イオンは祖父母から孫へのプレゼント需要に着目し、ランドセルの高級化を図り、成功を収めています。売れ筋は高級な革を使ったり、豪華な刺繍をちりばめたりした十万円以上のランドセルで、購入者の七割は祖父母がスポンサーです。

高級フレンチやイタリアンもこれまで敬遠していた子ども、すなわち孫の来店を積極的に受け入れ始めました。

アミューズメントパークも三世代来園に照準を絞っています。長崎県佐世保市のハウステンボスは二〇一五年に「健康と美の王国」と呼ぶ施設をオープンしました。施設内には健康診断コーナーや、健康食品や栄養補助食品を豊富に取りそろえた健康ストアを開設し、これまで手薄だった祖父母世代の需要を開拓することで三世代来園客を増やし、祖父母が孫のために購入する土産やおもちゃの売り上げも伸ばそうと狙ったのです。

成功したＩＲは進化し続けている

ＩＲ成功のための条件、三つ目は「絶えざるリニューアル」です。これは当たり前のことですね。

来場者たちに飽きられず、いつまでもリピーターでいてもらうためには、新たな魅力を付け加え、進化し続けなければなりません。

シンガポール政府が二〇一九年四月、九十億シンガポールドル（約七千四百億円）を投じて、「マリーナ・ベイ・サンズ」と「リゾート・ワールド・セントーサ」の二つのＩＲを拡張すると発表したのは、まさに進化し続けるＩＲであることを訴えるためです。

また仁川国際空港に隣接する「パラダイスシティ」は、二〇一七年四月の開業時点では、国際会議場や展示場などのＭＩＣＥ施設と一棟のホテル、カジノから成るＩＲでした。

その後、二〇一九年春までに、高級ホテル、アートギャラリー、大型スパ（温浴施設）、東アジア最大規模のディスコホールクラブ、キッズ向けのエンタテインメント施設など六つの施設を新たに開業し、魅力を高めていったのです。

これによって、先行開業したカジノのみの利用者数が開業から約一年間で十八万二千人だったのが、二〇一九年（一月〜十二月）は「パラダイスシティ」全体で二百七十五万人の来場を見込んでいます。

さらに東京ディズニーランド（ＴＤＬ）や東京ディズニーシー（ＴＤＳ）が来場者を伸ばし続けてきた理由の一つは、現状に満足せず、新たなアトラクションを開発して魅力を高めてきたからでしょう。

その姿勢は今も変わっていません。東京ディズニーランドと東京ディズニーシーを運営するオリエンタルランドは、約二千五百億円を投じて東京ディズニーシー内に八つ目となるエリアを設け、長編アニメ映画『アナと雪の女王』の世界観を体感できる施設や、『ピーター・パン』などのディズニー映画をテーマにした四つのアトラクション、高級ホテルなどを二〇二二年度にいっせいオープンさせる計画です。

オリエンタルランドの取り組みには、日本のＩＲにとって見習うべきところが多いですね。

私たちの発表は以上です。

一言付け加えれば、成功のための三条件の中で、ＩＲの事業者の経営力を最も問われるのは「絶えざるリニューアル」だと思います。なぜならそのためには継続的な先行投資が必要で、常にリスクを取り続けることになるからです。リスクを超える果実を得るためには、国内や海外の人たちが何を望んでいるのかを察知し、独創的なアイデアを形にし続けなければなりません。過剰な経費や過大投資を抑え、出《いず》るを制する運営・管理も欠かせません。

しかし、それらはやりがいのある仕事ですよね。ＭＩＣＥに参加するビジネス客や、観光客を喜ばせるために、新たな施設やアトラクション、エンタテインメントを企画するなんてわくわくする仕事です。北海道では、いや北海道以外の地域でも、これまではそんな仕事にはなかなか就けませんでした。ＩＲは単に雇用を数多く創出するだけではなく、これまでにない仕事を地域に生み出してくれる可能性があります。

シブチン先生の拍手を浴びながらＪ平が教壇を下りました。

「次はシブチン先生の発表ですね？」

Ｋ子が言い、シブチン先生は神妙な顔でうなずきました。

「ＩＲが期待通りの経済効果を上げるためには、リスクの種をあらかじめ摘んでおかなければならない。指摘されるリスクに対して、国や自治体や民間企業はどんな対策を打とうとしているのか、徹底的に調べないといけないいな」

コラム

シブチン先生のＩＲ講座Ⅲ

その８ ナイトタイムエコノミーを盛り上げる「夜の市長」たち

本文でも少し触れたように、ナイトタイムエコノミーへの取り組みは欧米の主要都市が日本よりも先行しています。ロンドンでは二〇一二年のオリンピック・パラリンピック開催をきっかけに地下鉄の二十四時間運行の議論が湧き起り、現在では金・土曜日に主要路線が終日運行しています。また二〇一六年に当選したサディク・カーン市長は「ロンドン二十四時間営業構想」を打ち出し、「ナイト・シーザー」と呼ぶ「夜の市長」を任命しました。ナイト・シーザーは夜の楽しみを充実させるために飲食店やライブハウスなどの事業者や地域住民との調整にあたります。

ニューヨークも二〇一七年、「ナイトライフ推進室」を市として立ち上げ、ライブ会場などの深夜営業の支援を始めました。二〇一八年には「ナイトライフメイヤー」(夜間生活の市長)を初めて任命し、深夜営業を行う事業者との関係強化に乗り出しています。

これらの取り組みは両市に大きな経済効果をもたらしています。イギリスの会計事務所アーンスト・アンド・ヤングは、ロンドンのナイトタイムエコノミーの経済効果は毎年二十億ポンド(三千億円弱)に達し、これまでに約百三十万人の雇用を創出、二〇二九年までにさらに七万人弱の雇用を生み出すと試算しています。

またニューヨークのブロードウェーで深夜十一時ごろまで開演されているミュージカルを目当てに、海外やアメリカ各地からやってきた観光客が落とすお金は、観劇やその後の飲食を合せると年間一兆円超と推計されています。

その9／驚くほど多様なゲーミング会社

巻末(199ページ)で詳しく紹介しますが、私たちにとってまだなじみが薄いゲーミング会社の横顔は驚くほど多様です。アメリカのラスベガスを拠点にゲーミング会社として長い歴史を持つ企業、レストラン・音楽関連産業という異業種からゲーミング事業に参入した企業、さらに不動産開発事業を祖業（もともとの事業）の一つとする企業もあります。それがアメリカのシカゴ（イリノイ州）に本社を置くラッシュ・ストリートです。一九九五年に設立された同社は、アメリカを中心にメキシコやオーストラリア、南米、インドで不動産開発事業を手がけ、現在六つのＩＲを北米で展開しています。

その一つ、ニューヨーク郊外の都市スケネクタディ（ニューヨーク州）に開業したＩＲは、ゼネラル・エレクトリック（ＧＥ）の本社撤退で衰退していた街の再活性化に貢献しました。このＩＲによって観光収入だけでなく、新たに一千百人の雇用が生まれ、合計賃金は四千三百万ドル（約四十七億円）、年間納税額は五千三百万ドル（約五十八億円）以上に達します。

ラッシュ・ストリートが手がけるＩＲは、その地域の特性を生かした設計・建設、地域密着型の運営が特徴です。不動産開発事業が培ってきた強みと言ってもいいでしょう。日本のＩＲ市場への参入を視野に入れ、日本法人のラッシュ・ストリート・

ジャパンを設立、苫小牧市に事務所を開設しました。ラッシュ・ストリートのニール・ブルーム会長は「北海道経済を発展させ、北海道を世界随一の観光地へと変革できるように努めたい」と参入に意欲を見せています。

多様なゲーミング会社の横顔――その特徴や手がけるＩＲなどについては、巻末の「ゲーミング会社の横顔」もぜひご覧ください。

第4章

「IR」のリスク対策はどうなっているの？

発表会の四回目はシブチン先生の登壇です。テーマは「指摘されるリスクに対して国や自治体や民間企業は『どう説明責任を果たし、実効性のある対策を打とうとしているのか』」。

どんなプロジェクトにも光と影があります。とりわけＩＲは建設費が数千億円にのぼる巨大プロジェクトだけに、大きな経済効果が期待される一方で、リスクや課題を指摘する声も少なくありません。

数カ月間に及ぶシブチン先生の調査対象は、ギャンブル依存症への対策だけでなく、青少年の保護やマネーロンダリング対策など多岐にわたりました。

「ギャンブル依存症とは明確な病気であり、ＩＲを推進する企業や自治体は国の法律に則《のっと》った対策を義務付けられています。シンガポールではＩＲの開業後、ギャンブル依存症への対策が効果を発揮しています」

シブチン先生による渾身の調査、その発表会が始まりました。

そもそもギャンブル依存症とは？

私もK子くんやJ平くんにならって、最も素朴な疑問からこの調査発表を始めたいと思います。

「リスクとして指摘されているギャンブル依存症とはそもそも何なのか」です。

新聞やテレビなどのメディアでは、パチンコや賭博行為などのギャンブルにのめり込み、自分でコントロールできなくなってしまった状態をギャンブル依存症と呼んでいます。これは病気だと定義されているのか？　それとも病気ではない困った習慣だと見られているのか？

結論から言うと、WHO（世界保健機関）やアメリカ精神医学会は、ギャンブル依存症を明確に精神疾患、つまり病気の一つだととらえています。

WHOは二〇〇〇年に、ギャンブルにのめり込み、自分でコントロールできなくなってしまった状態を「ガンや糖尿病と同じ意味で病気である」として、「病的賭博」

という公式な病名をつけました。

アメリカ精神医学会も「ギャンブル障害」という病名を用いて、患者かどうかを診断する基準を設けています。

今、診断する基準と言いました。これは重要なポイントですね。なぜなら病気だとするからには、明確な定義が必要になるからです。

以下、アメリカ精神医学会が示す「ギャンブル障害」の診断基準を紹介しましょう。

やや細かいですが、対策を考える上でも欠かせないポイントなのでぜひ押さえてください。

アメリカ精神医学会が用いている診断基準（ＤＳＭ-５）は以下の九項目です。

①興奮を得るために賭け金を増額したギャンブルが必要になる。
②ギャンブルを中断したり、やめたりすると落ち着かなくなったり、イライラする。
③ギャンブルを控えよう、減らそう、やめようと努力を繰り返したが成功していない。
④ギャンブルにとらわれており、過去のギャンブルを生き生きと思い浮かべたり、次のギャンブルのハンディ付けや計画を考えたり、ギャンブルの資金を得る方法を考え

るなど、いつもギャンブルのことを考えている。

⑤無力感や罪悪感、不安にとらわれたり、抑うつ状態に陥ったりするなど、苦痛な気分の時、ギャンブルをすることがよくある。

⑥ギャンブルでの負けを別の日に取り返そうとすることがよくある。

⑦ギャンブルへの熱中ぶりを隠そうとウソをつく。

⑧ギャンブルのために重要な人間関係、仕事、教育または職業上のチャンスを危険にさらしたり、失ったりしたことがある。

⑨ギャンブルが原因で陥ってしまった絶望的な経済状況を救済する金を出してほしいと他人に頼る。

アメリカ精神医学会では、これら九項目のうち過去一年で四～五項目が該当する人は軽度の「ギャンブル障害」、六～七項目は中程度の「ギャンブル障害」、八～九項目は重度の「ギャンブル障害」に該当すると診断しています。また四項目に該当する人には医師の診断を勧めています。

まとめればこういうことになります。

「何かのきっかけで始めたギャンブルにのめり込み、その行為・状態が人間関係を傷つけたり仕事にマイナスになったりと、すでに本人に不利益をもたらしているのに、また、だからこそやめたほうが良いと本人も考えているのに、ギャンブルへの強い欲求をコントロールできず、続けてしまっている」

日本にもギャンブル依存症の患者はいるの？

次に気になるのは「ギャンブル依存症という病気にかかっている人は日本にはどの程度いるのか」「世界ではどうか」です。

二〇一七年九月、アルコール依存症の診断や治療などでよく知られている国立病院機構 久里浜医療センターは、「国内のギャンブル等依存に関する疫学調査（全国調査結果の中間とりまとめ）」で、ギャンブル依存症が疑われる日本人の割合を推計しました。

それによれば過去一年以内に行ったギャンブルについて、ギャンブル依存症が疑われる人の割合は成人の〇・八％でした。男女別では男性が一・五％、女性が〇・一％です。

また過去一年に限らず、これまでに、つまり生まれてから今日までに行ったギャンブルについてギャンブル依存症が疑われる人の割合は成人の三・六％でした。男女別では男性が六・七％、女性が〇・六％です。

この割合は海外と比較すると高いのか低いのか。

久里浜医療センターが発表した同調査は、各国・地域でのギャンブル依存症が疑われる人の割合を参考資料として掲載しています。

それによれば過去一年以内に行ったギャンブルについて、ギャンブル依存症が疑われる人の割合はアメリカでは一・九％に達しました。日本の倍以上です。

他方、過去一年に限らず、これまでに行ったギャンブルについてギャンブル依存症が疑われる人の割合はオーストラリアが男性二・四％・女性一・七％、オランダが一・九％、フランスが一・二％、スイスが一・一％となっており、いずれも日本を下回っています（※【図⑫】参照）。

久里浜医療センターは、日本の三・六％という割合について、「調査時点で過去一年以上ギャンブル等を行っていない者が一定数含まれており、例えば十年以上前のギャンブル等の経験について評価されている場合があることに留意する必要がある」と調査概要に付記しています。若干割り引いて考えてもいい――そう示唆していると受け止めても間違いではないと思います。

とはいえ参考資料として紹介された各国・地域がいずれも三％未満であることを考えると、日本はアメリカを除けば、カジノが解禁されている国・地域よりも高い水準にあると言わざるを得ないでしょう。

ではなぜ高いのか。私がヒアリングした医療関係者ら専門家の多くはパチンコ・パチスロの影響を指摘します。

パチンコ・パチスロ店は国内のどこの繁華街にもあり、その数は一万店を超えます。また「両替」と称して一部の景品を換金できることも来店者はよく知っています。これらが全国津々浦々、身の回りにある環境が、依存症のリスクを高めているのではないかと言うわけです。

事実、久里浜医療センターの同調査でも、ギャンブル依存症を疑われる人の八割がパチンコ・パチスロに最も多くお金を使っていました。過去一年以内の賭け金は平均

図表⑫ 各国のギャンブル依存症が疑われる人の割合

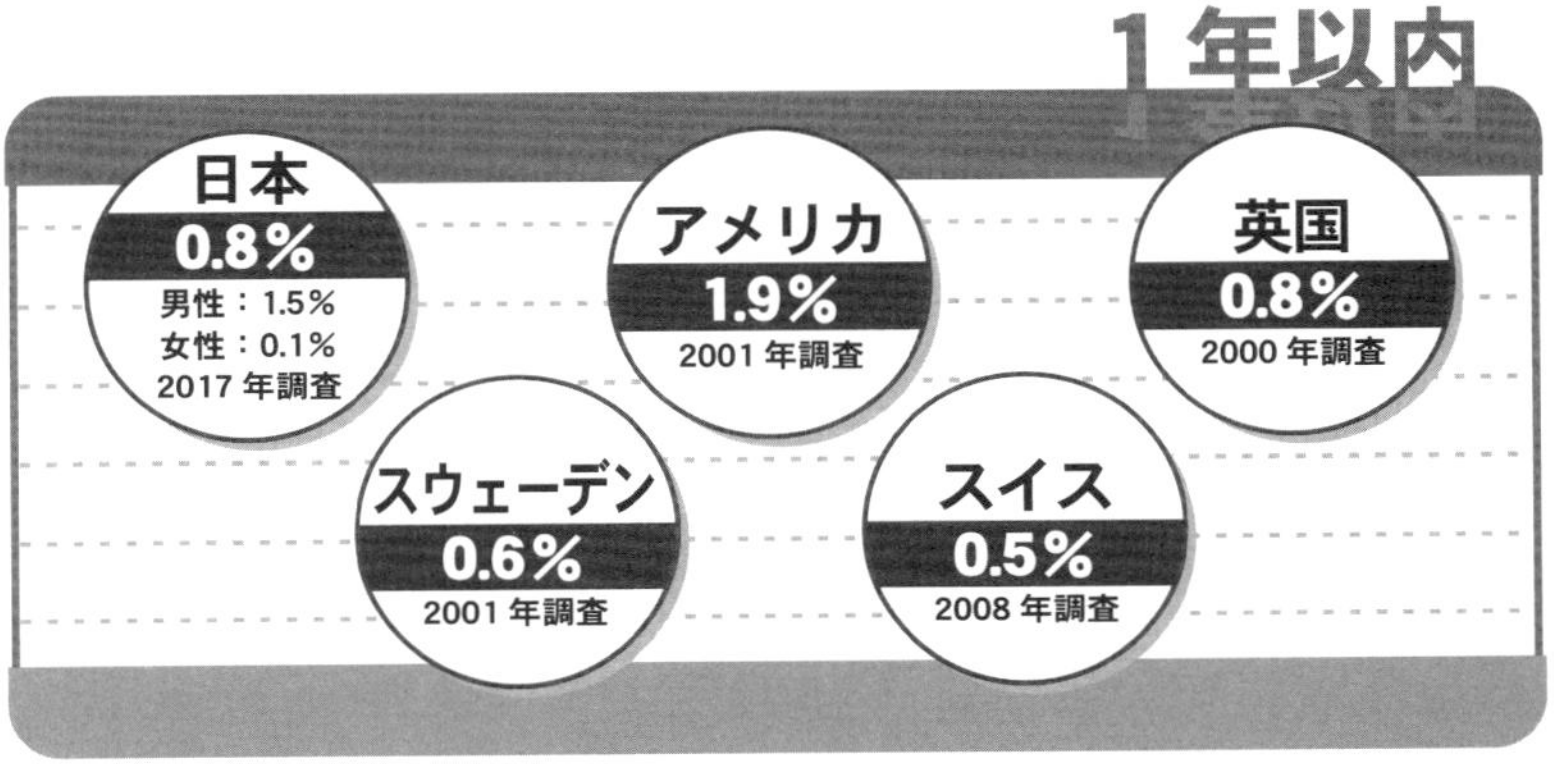

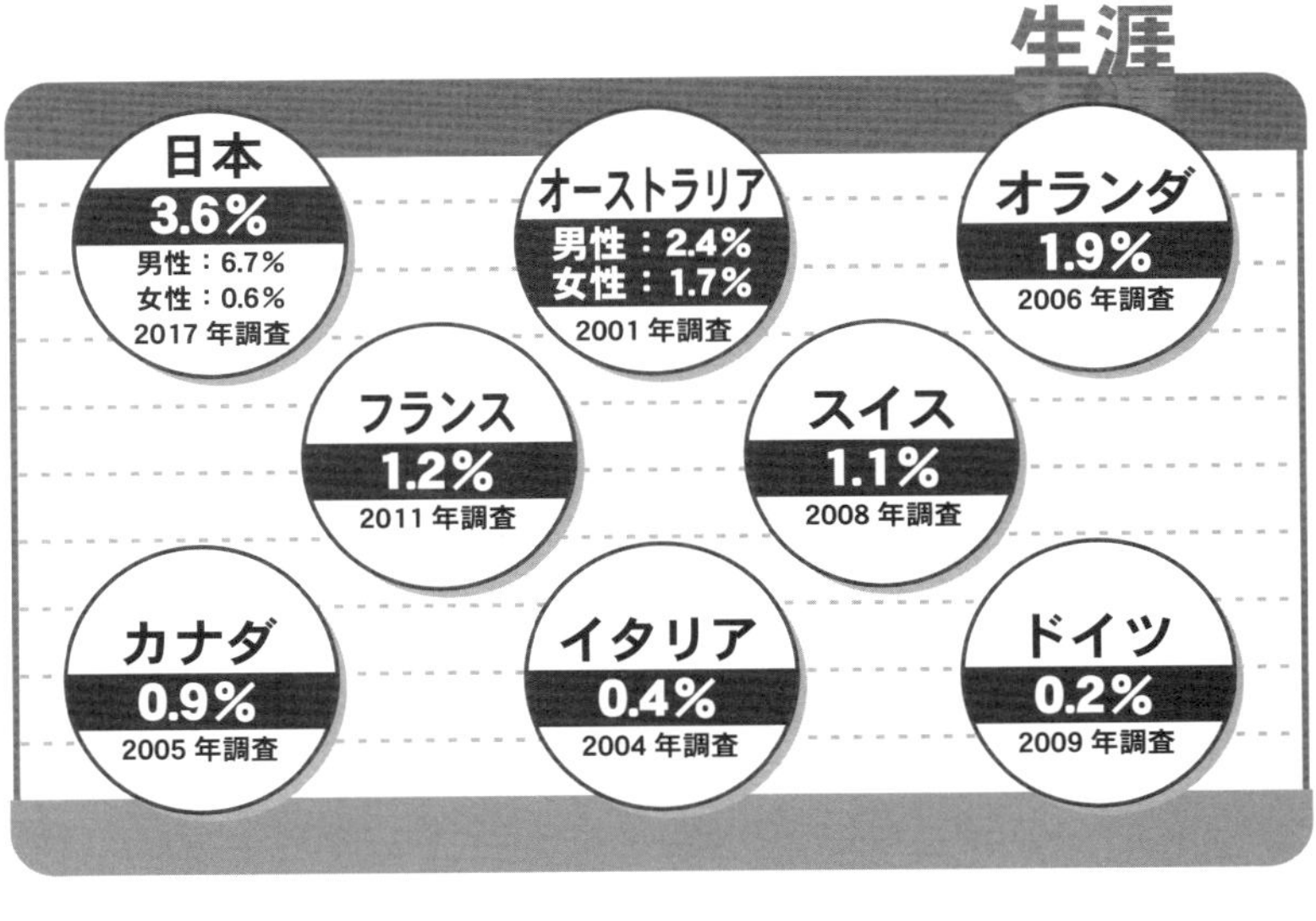

で一カ月に五万八千円です。決して小さな額ではありませんね。

ちなみに久里浜医療センターの調査は、ＳＯＧＳ（The South Oaks Gambling Screen＝サウスオークス・ギャンブリング・スクリーン）と呼ぶ質問票を用いています。

これはアメリカのサウスオークス財団がアメリカ精神医学会の診断基準を踏まえて作成し、世界的に最も多く用いられているギャンブル等依存の簡易スクリーニングテストで、十二項目（二十点満点）の質問中、五点以上を取るとギャンブル依存症の疑いがあるとみなされます。

パチンコ・パチスロの影響をどう考えるべきか

パチンコ・パチスロの影響によって、日本ではカジノを解禁した国や地域よりもギャンブル依存症が疑われる人の割合が多い――この傾向をどう考えたらいいでしょうか。

これは私見ですが、日本ではギャンブル依存症への対策はパチンコ・パチスロ業界や監督官庁などがすでに取り組んでいなければいけなかったのだと思います。今後ではなく、すでにある問題として、もっと早く取り扱わなければいけなかった。その意味では、カジノの解禁でギャンブル依存症への関心が高まっている今はそのチャンスではないでしょうか。

ではギャンブル依存症への対策はパチンコ・パチスロ業界や監督官庁などに任せておけばいいのか。もちろんそうではありません。

なぜならギャンブル依存症が疑われる人の割合が三・六％いるという事実は、ＩＲを推進する企業や自治体に重大な責任を投げかけているからです。

ある男性のコメントを紹介したいと思います。

「私はギャンブル依存症でした。今でも脳がギャンブルの楽しさを覚えてしまっています。カジノが日本にできたら『百パーセント、行きません』と言える自信はありません。スリップしてしまうかもしれません」

大阪府で二〇一八年九月に行われたギャンブル依存症についての集会で、かつて依存症に苦しんだ男性が発した言葉です。

スリップとはかつて依存症に苦しんだ人が、遠ざけていたアルコールや薬物、ギャンブルなどに再び手を出してしまうことを言います。

男性は高校生の時、知人に誘われて都内の違法賭博場に出入りするようになり、バカラと呼ばれるトランプゲームの魅力に取りつかれてしまいました。高校卒業後、健康食品の会社を経営しましたが、韓国などの海外のカジノに出入りするようになり、会社の運転資金や従業員の給料まで使ってしまったそうです。

会社の破綻、自己破産を経た今はギャンブルから遠ざかっていますが、「カジノが日本にできたらまた出入りするようになり、依存症が再び発症してしまうかもしれない」——男性の発言にはそんな不安と恐れがにじみ出ています。

ギャンブル依存症が疑われる三・六%の人の中には、この男性と同様のリスクを抱えている人もいるでしょう。

IRを推進する企業や自治体には、ギャンブル依存症の人を新たに生み出さないだけでなく、過去、ギャンブル依存症に苦しんだ人たちをスリップさせない責任もあるのです。

ではそのためには何をすべきなのか。今どんな対策が検討されており、またそれらの効果はどの程度期待できるのでしょうか。

日本の対策はシンガポールを参考に

ＩＲを推進する企業や自治体のギャンブル依存症への対策は、大きく以下の三つに分けられます。

１　二〇一八年七月に公布されたＩＲ実施法と、その施行令に則り、国内で開業するすべてのＩＲに義務付けられる対策。

２　同年同月、ＩＲ実施法とともに成立したギャンブル等依存症対策基本法に基づき、政府が定める基本計画を踏まえて取り組むべき対策。こちらはＩＲだけでなく、競馬、競輪・オートレース、競艇などの公営ギャンブルやパチンコ・パチスロ事業者も対象になります。

３　ＩＲを推進する企業や自治体が個別・独自に検討している対策。

具体的な中身や効果を検証していきましょう。

まずＩＲ実施法では以下の対策を義務付けています。

①入場回数の制限

日本人のカジノへの入場回数は「七日間に三回かつ二十八日間で十回まで」と定めました。その際の本人確認や入場回数の確認には原則としてマイナンバーカードを用います。

（さらに政府はギャンブル等依存症対策基本法に基づいて、本人や家族の申請でカジノへの入場を規制できる仕組みも導入する方針です）

②入場料金の徴収

カジノに入場する時、外国人は無料ですが、日本人からは六千円を徴収します。高額の入場料によって敷居を高くすることで、入り浸れないようにして、ギャンブルにのめり込むのを防ごうという狙いです。

③広告の規制

政府は二〇一九年三月下旬、ＩＲ実施法に基づいて、ＩＲの施設や運営などについて具体的な規則を定めた施行令を閣議決定しました。施行令には広告の規制が盛り込まれています。それによれば、カジノの広告掲示やビラ、パンフレットの配布は、原則としてＩＲの施設外では禁止します。広告などは外国人旅行者の誘致目的に限って例外的に認め、空港や港の国際便の発着ターミナル周辺、入国審査区域などエリアを限定する方針です。（施行令とは、第1章で少し説明したように、法律が施行すなわち現実に効力を発揮して実施されるために、細かな規則などを定めた政令つまり内閣が制定する命令のことです）

これらはどれだけの効果を期待できるのでしょうか。

それを検証する上で参考になる事例があります。二〇一〇年にリゾート型のＩＲ「リゾート・ワールド・セントーサ」と都市型のＩＲ「マリーナ・ベイ・サンズ」を開業したシンガポールの取り組みです。

一九六五年の建国以来、カジノを禁止してきたシンガポールは、ＳＡＲＳの流行で激減してしまった海外からの観光客を呼び寄せる切り札として、当時のリー・シェンロン首相がＩＲの建設を主導しました。

その際、シンガポール国民のカジノ開業への抵抗感も踏まえて、当時のリー・シェンロン首相らは先行事例を分析し、世界最高水準とされるカジノの入場規制を打ち出しました。

「カジノに入場する時、外国人旅行者は無料だが、シンガポール国民および永住権保持者からは一回につき百シンガポールドル（約八千円）か、または年間入場料の二千シンガポールドル（約十六万円）を徴収する」

「本人や家族らの申請などによって、ギャンブル依存症が疑われる人の入場回数を制限あるいは禁止する」

などです。

日本のＩＲ実施法やギャンブル等依存症対策基本法に基づく規制は、シンガポール政府が設けた対策を手本にしています。

付け加えれば、ＩＲ実施法は「カジノ施設の延床面積をＩＲ施設全体の三％以下に制限する」と定めました。こちらもシンガポール政府による「カジノの専有面積は上限一万五千平方メートル、ＩＲに占める割合を三％程度とする」という規制を参考に

していま す。

ではシンガポールの規制はどの程度の効果があったのでしょうか。

シンガポールでは依存症の割合が低下している

シンガポール政府は三年ごとに国民と永住権保持者を対象に、すでに紹介したアメリカ精神医学会の診断基準（148ページ）に照らしてギャンブル依存症が疑われる人の割合を調査しています。

それによれば、カジノ開業前の二〇〇五年には四・一％だったギャンブル依存症が疑われる人の割合は、カジノ開業後の二〇一一年には二・六％に下がり、直近の二〇一七年の調査ではさらに〇・九％にまで低下しています。

シンガポールでは二〇一〇年のカジノ開業以前から、競馬やスポーツの勝ち負けを予想するスポーツ賭博が人気でした。開業前の四・一％という数字は、これら合法ギャンブルの影響が考えられますが、その後の数字を見ていくと、カジノがギャンブル依存症を疑われる人たちの症状を悪化させたり、スリップさせたりしてしまう事態は避けられたと言えそうです。

高い入場料金や、本人・家族らの申請による入場規制が効果を発揮したのは間違いないでしょう。

ただ、ここで疑問も湧いてきます。

シンガポールのメディアによれば、カジノの開業から二〇一七年九月までに、本人または家族がカジノへの入場禁止を申請した人数は累計で二万五千人を超えているとのことです。

彼ら彼女らが競馬やスポーツ賭博などのカジノ以外のギャンブルに戻り、症状を悪化させてしまうことはなかったのでしょうか。

ギャンブル依存症の人たちはギャンブルへの強い欲求をコントロールできません。「家族にカジノへの入場禁止を申請されてしまったので、スポーツ賭博にのめり込むようになった」――そんな人たちがいても不思議ではない気がしますが、実際にはカジノ開業前の二〇〇五年には四・一％だった割合は、直近の二〇一七年の調査ではすでに触れたように〇・九％にまで低下しています。

そこには何らかの対策が講じられていたのでしょうか。

シンガポール政府は、当時のリー・シェンロン首相がＩＲ導入を発表した二〇〇五年に、シンガポール国民や永住権保持者を対象にした包括的なギャンブル依存症対策を打ち出しています。

カジノを管轄する社会・家族開発省のもとに、心理学者やカウンセラー、法曹関係者ら十数人の専門家から成る国家賭博依存症評議会（ＮＣＰＧ）を置き、様々な活動に乗り出したのです。

具体的にはギャンブル依存症に関する調査や、ギャンブル依存症についての正しい知識を国民に知らしめる啓発活動、テレビや新聞などのマスメディアを使った定期的なギャンブル依存症撲滅キャンペーンなどです。

先に紹介した三年に一度の調査はＮＣＰＧによるものです。ＮＣＰＧはまた本人や家族らの申請窓口にもなり、カジノへの入場規制を主導しています。

さらに二〇〇八年には、保健省が管轄していた公的な依存症専門クリニックを国家依存症管理サービス機構（ＮＡＭＳ）に拡大発展させ、ギャンブルやアルコール、ドラッグなどの依存症への予防・治療体制を強化しました。

これが呼び水となって民間の治療・リハビリ施設や非営利組織（ＮＰＯ）が運営する互助会なども次々に生まれ、予防や治療の受け皿が社会に広がっていきました。

カジノ開業後にギャンブル依存症を疑われる人の割合が下がっていったのは、これら国・社会を挙げての対策が功を奏したからです。

韓国・江原ランドでは依存症が社会問題に

シンガポールのＩＲとは逆に、ギャンブル依存症への対策が後手に回ってしまったＩＲもあります。他山の石とするためにも、失敗事例だと言わざるを得ない韓国のＩＲ「江原《カンウォン》ランド」を紹介しましょう。

韓国の北東部にある「江原ランド」は、炭鉱の閉鎖で存亡の危機に瀕した地域の経済振興を狙って二〇〇〇年に開業しました。ＭＩＣＥ施設やホテル、スキー場、ゴルフ場、カジノなどを備えたＩＲです。

「江原ランド」のカジノは、韓国国内に十七ヵ所あるカジノのうち韓国国民が唯一入場できるカジノとして営業を始めました。すぐに人気に火がつき、年間で三百万人を超える人たちが訪れ、売上高一兆五千億ウォン（約一千五百億円）に達するカジノへと成長しました。

ところがそこに落とし穴がありました。かつての炭鉱労働者がカジノに殺到したのです。ギャンブル依存症が増え、生活破綻などの社会問題が取りざたされるようになりました。

韓国政府は二〇〇八年、ギャンブル産業の過度の肥大を抑制する措置を導入し、「ギャンブル産業の売上高がＧＤＰ予測値の〇・五四％を超えてはならない」とする規制を設けました。〇・五四％という上限は、ＯＥＣＤ（経済協力開発機構）加盟国のギャンブル産業の売上高がＧＤＰに占める比率を参考に割り出した数字です。この上限規制にしたがい、ゲーミング会社はカジノの営業時間を短縮したりテーブル台数を減らしたりしました。

しかし、時はすでに遅かったのでしょう。目に見える効果を上げられてはいません。現在の「江原ランド」周辺には、カジノで使う資金を借りるための質店や、カジノで勝った人が利用する風俗店が立ち並んでいます。風紀の乱れを嫌って住人が流出したため、江原ランドのある旌善《チョンソン》の人口は「江原ランド」開業前の十五万人から三万八千人にまで減少しています。小学校も隣町に移転してしまいました。

何が原因だったのでしょうか。その分析は日本でのギャンブル依存症対策を考える上で参考になります。

結論から言えば「江原ランド」はＩＲを目指したものの実現できず、「韓国の人々のためのカジノ」になってしまったのです。

「江原ランド」はカジノありきで開発が始まりました。二〇〇〇年に開業した時点での主な施設はカジノが中心で、その後、二〇〇五年にゴルフ場が、二〇〇六年にスキー場が建設されました。この経緯から「江原ランド」はカジノだという認識が韓国の人々の間に定着してしまいました。

しかも新たにつくった施設にしても、観光客を誘致する決め手にはなりませんでした。ゴルフ場は韓国内にいくつもありますし、スキー場が開業しているのは冬期だけです。このため「江原ランド」の入場者は多くがカジノ目的の韓国人になってしまい、外国人の割合は一％にも満たない状況です。

さらに「江原ランド」は本人・家族の申告による入場規制などのギャンブル依存症

への対策を講じる前に開業してしまいました。広告規制も、ギャンブル依存症についての啓発活動や予防・治療への取り組みも不十分でした。

まさにシンガポールのＩＲとは逆の道を走ってしまったのです。

「江原ランド」の事例は、ギャンブル依存症への対策として入場規制のみならず、啓発活動や予防・治療などの包括的な取り組みが重要であることを教えてくれます。

では日本ではシンガポールのような包括的な取り組みは講じられようとしているのでしょうか。

法律はパチンコ・パチスロ事業者を対象に

ここで注目すべきなのは、ＩＲ実施法とともに成立したギャンブル等依存症対策基本法に基づき、政府が定める基本計画を踏まえて取り組むべき対策です。

これらは先に振れたように、ＩＲ内のカジノだけでなく、競馬、競輪・オートレース、競艇などの公営ギャンブルやパチンコ・パチスロ事業者も対象にしています。

ではどのような対策が検討されているのか。政府は二〇一九年三月上旬、ギャンブル等依存症対策法に基づく基本計画の素案を示し、少しずつ輪郭が見えてきました。

骨格は以下の通りです。

①入場制限の導入

素案ではＩＲだけでなく、競馬、競輪・オートレース、競艇などの公営ギャンブルやパチンコ・パチスロ事業者に対しても入場制限の導入を二〇二〇年度から求めています。

本人や家族が入場規制を申請すると、コンピューターによる顔認証システムで本人確認を行い、入場を禁止する仕組みです。パチンコ・パチスロ店に対しては、本人が同意していなくても家族の申告があれば入店を制限しなければならない案を打ち出しています。

②購入限度額の導入

インターネットで馬券や舟券（競艇の投票券）などを購入する時、事前に本人の申告によって購入限度額を設定できる制度を打ち出しました。こちらも二〇二〇年度からの導入を事業者に求めています。

③広告の指針づくり

パチンコ・パチスロ事業者に対して広告や宣伝の指針づくりを要請します。具体的には「広告、宣伝にはギャンブル依存症のリスクについて注意喚起する標語を一定以上の大きさで入れる」といった指針づくりを求め、ギャンブル依存症のリスクを認識しやすい広告の掲示を促す方針です。

④公営ギャンブル施設などでのATMの撤去

ギャンブルに熱中して予定していた以上のお金を注ぎ込まないように、施設・店舗からATMを撤去する方針です。

⑤相談・治療拠点の整備

ギャンブル依存症の傾向がある人や不安を感じている人が相談員のカウンセリングを受けたり、ギャンブル依存症を疑われる人が治療を受けたりする相談・治療拠点を、全都道府県と二十政令市に設置する計画を素案に盛り込みました。

これらの取り組みはどれだけの効果を上げるでしょうか。

個人的な意見を言えば、購入限度額の導入やATMの撤去などは歯止めになり得ると思います。

一方でパチンコ・パチスロ事業者への入場制限の導入が要請にとどまっている点については、実効性の点でまだ検討の余地があるのではと思います。例えば、ただ要請するだけではなく、基本計画に基づいてきちんと対策を講じているパチンコ・パチスロ事業者には何らかの認証を与え、対応がずさんな事業者と明確に区別するような施策が必要ではないでしょうか。

予防・治療拠点の設置についても、通りいっぺんではなくカウンセラーの育成も含めて、腰を据えた本格的な取り組みが必要でしょう。

シンガポールの例に見られるように、調査、啓発活動から始まり、入場規制、予防・治療体制の強化までを含めた包括的な対策によって、ギャンブル依存症に苦しむ人を必ず減らすことができるからです。

繰り返しになりますが、ＩＲ実施法とともにギャンブル等依存症対策基本法が成立し、ギャンブル依存症への関心が高まっている今こそ、そのチャンスだと思います。

ギャンブル等依存症対策基本法に基づく対策の立案、実施はまだ緒に就いたばかりです。予防・治療拠点についても今の段階では規模や予算、人員体制など具体的な中身は見えてきていません。今後の議論の深まりに期待したいですね。

ＡＩが依存症のリスクを判断

ギャンブル依存症についての調査報告の最後に、ＩＲを推進する企業や自治体が個別・独自に検討している対策を見てみましょう。

大阪府・市のＩＲ構想では、本人や家族の申告によるカジノの入場制限に加えて、本人が申告すればカジノでの賭け金や滞在時間の上限を設定できる仕組みを独自に作る方針です。

またギャンブル依存症の傾向がある人や不安を感じている人が、ＩＲの施設内で二十四時間三百六十五日、相談員のカウンセリングを受けられる体制も設ける考えです。

さらにゲーミング会社やＩＴ企業と連携してＡＩやＩＣＴ（情報通信技術）を活用したギャンブル依存症対策も検討しています。

カジノを訪れた客をカメラで撮影し、ＡＩが賭け方や行動を収集、分析して、「落ち着きがない」「疲れがにじんでいるのにやめようとしない」など依存症の傾向が疑われる客を割り出します。そうした客に対してはスタッフが声をかけるなどして長時間ギャンブルにのめり込まないように警告するのです。

さらに大阪府が運営する「こころの健康総合センター」や公立の医療機関などからギャンブル依存症についてのカウンセリングの事例を集め、得られたデータを今後のギャンブル依存症対策に活用する予定です。具体的には、相談者の年齢やギャンブルを始めたきっかけ、借金の有無などをプライバシーに配慮しながら収集し、患者や家族についての情報分析を進める予定です。

一方、北海道は二〇一九年三月下旬、ＩＲの誘致を踏まえて、パチンコ・パチスロなどによるギャンブル依存症への対策を強化しようと、北海道ギャンブル等依存症対策推進会議の初会合を開きました。

北海道ギャンブル等依存症対策推進会議は北海道庁、医師会、警察本部、依存症の回復施設など二十六機関で構成され、今後、北海道内の医療機関に対し、依存症患者への対応や治療状況の実態調査を行い、対策推進計画を定めていく方針です。

青少年の保護は依存症対策にも効果がある

指摘されるリスクに対して、ＩＲを推進する国や自治体はどう説明責任を果たし、実効性のある対策を打とうとしているのか。続いては青少年の保護について、関連する法律や、それぞれのＩＲの取り組みを見てみましょう。

①入場制限

まずＩＲ実施法は二十歳未満のカジノへの入場を禁じています。入場させてしまった場合のゲーミング会社への罰則も設けるとしています。

成人の年齢を二十歳から十八歳に引き下げる改正民法が二〇一八年六月に成立し、二〇二二年四月に施行されますが、飲酒、喫煙、公営ギャンブルは二十歳未満禁止が据え置かれます。カジノもこれにならったのです。その際の本人確認は、ギャンブル依存症対策と同様に原則としてマイナンバーカードを用います。

②広告の規制

カジノの広告掲示やビラ、パンフレットの配布は原則としてＩＲの施設外では禁止されると、先に言いました。これに加えて二十歳未満の来場者に対しては、ＩＲの施設内でもビラ配りなどカジノへの勧誘を禁止します。

またゲーミング会社に対しては、テレビやインターネットなどでカジノがギャンブル依存症の副作用を伴う危険性があることを説明するよう義務付けました。

③パチンコ・パチスロも含めた包括的な対策

政府が二〇一九年三月上旬に示したギャンブル等依存症対策法に基づく基本計画の素案では、パチンコ・パチスロ店に十八歳未満の人が立ち入るのを防ぐため、年齢確認の徹底を要請しています。

また若年層がギャンブル依存症になってしまうのを防ぐため、自治体や公営ギャンブル、パチンコ・パチスロ事業者などによる大学生や新社会人への啓発活動を要請しています。

ＩＲを推進する企業や自治体の独自の取り組みも紹介しましょう。

大阪府・市は二〇二四年のＩＲ開業を見据えて、ギャンブル依存症の症状や発症のメカニズムを学ぶ高校教員向けのセミナーを二〇一八年から開設しました。ギャンブル依存症についての高校教員の知識レベルを引き上げ、高校での対策を強化することで、生徒が進学後や就職後にギャンブルに溺れてしまわないようにするのが目的です。大阪府・市によれば今後三年間で高校教員約三百人の受講を見込んでいるとのことです。

またこれ以外にも、大学や専門学校で学生の支援を行う担当者や、青少年指導員らを対象としたセミナーも開催する予定です。

付け加えれば、未成年者の入場制限や青少年の保護は世界のカジノでは当たり前になっています。ラスベガスではアメリカ人、外国人を問わず、二十一歳以上でなければカジノへ入場できません。それどころかスロットマシンに近づくことさえネバダ州の法律で禁止されています。

シンガポールでも外国人を含めて二十一歳未満はカジノに入場できません。子ども連れでロト売り場に並ぶことすら禁止されています。

これら青少年の保護はギャンブル依存症対策にも効果があると多くの専門家や関係者が指摘します。

大阪府・市では「依存症は若い頃にギャンブルを始めて陥るケースが目立つ」と分

析しています。また先に紹介したシンガポールのNCPGのスタッフも、同国の実情を踏まえて、「重度のギャンブル依存症患者には、若いうちからギャンブルにのめり込み、ギャンブルを行う回数が増えていった人が少なくない」と指摘します。

青少年、未成年に対してきちんと教育・啓発活動を行うことは、ギャンブル依存症への長期的な予防効果もあるのだと言えるでしょう。

調査官がゲーミング会社を徹底チェック

カジノの開業に対しては、暴力団など反社会的勢力が介入してしまうのではないか、違法に得た資金の出どころをわからなくしようとするマネーロンダリング（資金洗浄）に使われてしまうのではないか、という懸念の声も聞かれます。

これらへの対策についても見ていきましょう。

まず反社会的勢力の徹底排除については、二〇一九年七月以降に発足が予定されているカジノ管理委員会が重大な役割と責任を担うことになります。

カジノ管理委員会は、ＩＲ実施法に則って設立される組織です。国会同意が必要な委員長一人と委員四人、事務局九十五人の総勢百人体制で、ＩＲでカジノの運営に携わるゲーミング会社や、スロットマシンなどのゲーミングマシンを製造するメーカーの選定に関わります。それらの企業が反社会的勢力にいっさい関係していないかどうか、経営や財務が健全かどうかを審査、判断するのです。

その手順は以下の通りです。

カジノ管理委員会は発足後、カジノ事業の経営を認可するための申請書の様式やカジノで扱うゲームの種類などを定めた政令及び規則を整備します。

その際、カジノ開業のための申請書には、ゲーミング会社やゲーミングマシンの製造会社の全役員について、過去二十年間にどんな仕事に就いていたか、どんな訴訟に関わったかなどを詳しく記載するように義務付ける方針です。それらの項目は合計約八十に及ぶ予定です。

申告書が提出されると、カジノ管理委員会の中に設ける調査室の調査官が動き出します。

記載された内容をもとに、ゲーミング会社などの役員や家族の財務状況、犯罪歴、海外に持つ口座などを調査して、記述にウソがないか、反社会的勢力との関与が本当にないかなどを確認するのです。調査官の人数はカジノ管理委員会の発足時には十人から二十人を予定しています。

ちなみにカジノ管理委員会は内閣府の外局に設けられますが、行政からの独立性が高い、いわゆる三条委員会に位置づけられます。これは重要なポイントでしょう。

三条委員会は、国家行政組織法第三条に基づく委員会であることからそう呼ばれ、民間の企業や団体の活動を規制する権限を与えられているだけでなく、省庁の大臣や長官などからの指揮や監督を受けずに独立して権限を行使できます。

万が一、業者の選定などで政治家の意向や、そのことを斟酌《しんしゃく》・忖度《そんたく》した官僚の意図が示されたとしても、それらを跳ね除け、公正・公平に審査、判断することが担保されているのです。

さらに補足すれば、カジノ管理委員会には、カジノの収益が社会に還元されているかを監視する財務監督課や、カジノ事業のルールがきちんと守られているかを監督する規制監督課も設置される予定です。

カジノ管理委員会は反社会的勢力の排除だけでなく、カジノの運営全般についても強い権限を持ち、また独立性を発揮して、管理、監督、是正する責任を負っているのです。

換金百万円超のゲーム情報は報告義務を

次にマネーロンダリングへの対策です。

政府が二〇一九年三月下旬に閣議決定したＩＲ実施法の施行令には、マネーロンダリング対策として、百万円を超える現金とチップを交換した顧客情報の国への報告義務が盛り込まれました。報告義務は日本人の客だけでなく訪日客も対象にします。

大金を賭けるゲームの報告義務は、抑止効果も含めてマネーロンダリング対策に効果があると言われ、海外のカジノでは広く行われている規制です。

ただ、その金額はまちまちで、規制がゆるいマカオでは約五十万パタカ超（約六百八十万円超）に、規制が厳しいアメリカのラスベガスやシンガポールではそれぞれ一万ドル超（約百十万円超）、一万シンガポールドル超（約八十万円超）に設定されています。

ＩＲ実施法の施行令は、ラスベガスやシンガポールにならっています。マネーロンダリング対策の実効性を高めることに加え、カジノに厳格な規制を課すことで世論の理解を得る狙いも込められているのでしょう。


「私の調査は以上です」

シブチン先生はそう言ってＫ子とＪ平を交互に見ました。

「質問はあるかな？　それから感想があればぜひ聞かせてもらいたいな」

「はい！」とＪ平が手を挙げて話し出しました。

「シブチン先生の話を聞いて、カジノへの規制が想像していたよりも厳しいことがわかりました。『日本人のカジノへの入場回数は七日間に三回まで、かつ二十八日間で十回まで』とか、『本人だけでなく家族の申請でカジノへの入場を制限できる』とか。多くの規制を受け入れてカジノに客を呼び、ＩＲに人を集めるためにも、それぞれのＩＲは他にはない魅力を打ち出さなければならないんですね」

「私もそれを感じました」

Ｋ子が続けます。

「逆に言えば、規制はそれぞれのＩＲに対して、他にはない魅力を追求するきっかけにもなり得るということよね」

「そこで次回だ」

シブチン先生が言いました。

「ＩＲについて、現時点で調べられることは調べ尽くしたと思う。次回の最後の会合で、ＩＲが我々の社会や人生に何をもたらしてくれるのか、その可能性について議論してみようじゃないか」

シブチン先生の言葉にＫ子もＪ平もコクリとうなずきました。

コラム

シブチン先生のＩＲ講座Ⅳ

その10　ギャンブル依存症の定義は？

本文でも説明したように、パチンコや賭博行為などのギャンブルに対して自己コントロール能力を失った状態を「ギャンブル依存」と呼びます。ＷＨＯ（世界保健機関）は二〇〇〇年に「ギャンブル依存はガンや糖尿病と同じ意味で病気である」と宣言しました。

貧困になったり、家族関係が損なわれたり、個人的な生活が崩壊したりしても、意志の力では歯止めが利かないのが特徴です。

日本では、二〇一八年七月に公布された「ギャンブル等依存症対策基本法」で、ギャンブル依存症を「ギャンブル等にのめり込むことにより日常生活又は社会生活に支障が生じている状態」と定義しています。

精神療法・薬物療法のほか、ギャンブル依存症に特化した自助グループへの参加が治療上有効です。

その11／「ギャンブル等依存症対策基本法」について

本文にも再三登場するギャンブル等依存症対策基本法は、ギャンブル依存症への対策として、依存症の予防や患者の治療、家族への支援についての計画策定を国と地方公共団体に義務付ける法律で、二〇一八年七月、ＩＲ実施法とともに公布されました。

同法は政府に対して依存症対策を推進する基本計画の策定を義務付け、都道府県に対して政府の基本計画を基に対策推進計画を策定するよう求めています。

エピローグ

日本人の未来を変える「ＩＲ」

「これまでの調査報告と現地取材を踏まえて、それぞれが今、ＩＲの可能性をどう考えているのか、最後に忌憚《きたん》のないところを語り合おうじゃないか」

シブチン先生が言いました。

土曜日の昼下がり、Ｋ子とＪ平はシブチン先生が勤務する大学の研究室を訪ねました。シブチン先生は二人に椅子を勧めながらさらにこう続けます。

「ＩＲの実情やその経済効果を念頭に置きながら、さらに一歩踏み込んで、ＩＲが私たちの仕事や生活をどう変えるのか、大胆に予測してみよう」

シブチン先生が入れてくれたコーヒーを飲みながらの最後のディスカッションです。

ＩＲの可能性を我がこととして考える

「まず初めに私から開会の挨拶代わりに前置きを言わせてもらうと、実はＯＢ懇談会での発言を反省しているんだよ。こう話したのを覚えているかな？『ＩＲについて調べ、考えることは、日本の国や自治体が抱えている切実かつ喫緊の課題をどう受け止め、どう解決したらいいのかを今一度、根本から検証・検討することに他ならない』と。この見方はいささか表面的で、ＩＲを他人事《ひとごと》のようにとらえていたと今では思う。**ＩＲは私たち一人ひとりの未来にかかわっている。まさに我がことなんだ。**だから君たちにも我がこととしての発言を期待したいな。トップバッターはＪ平くんからいこうか？　調査と取材を終えた今、何を一番強く感じているかな？」

「僕はやはりＩＲが生む雇用への期待ですね」

　Ｊ平は言いました。

「ＯＢ懇談会で僕は室蘭市に住む高校時代の友人の話をしましたよね。彼は契約社員として地元のホームセンターに勤めているけれど、非正規で働き続けることに不安を感じていて、東京で正社員として働ける仕事を探そうかとも考えている――そう言ったと思います」

「そもそも、彼がJ平くんに『ＩＲって本当は何なの？』と質問してきたのが今回の調査の出発点だったのよね。ＩＲができれば地元に新たな仕事が生まれるはずだと期待する人もいるけれど、一方では巨大なパチンコ店のようなものだと言う人もいて、混乱しているって」

Ｋ子の言葉にJ平はうなずいた。

「ＩＲについて調べたことを彼にメールで送ってあげたら、彼から『地元にとどまろうと思う』という返事が来たんです。ＩＲの可能性に賭けてみたい気持ちになったそうです。『接客の仕事は嫌いではないし向いていると思うので、ＩＲができたら世界の人をおもてなしする仕事に就きたい。そのために英語の勉強も始めようと思う。ネットには無料で英語を学べるサイトがいくつもあるので、一から語学力を磨き直すんだ』彼はメールにそう書いてくれました」

「彼、良かったわね」

「地元にとっても良かったと思います。ＩＲができるかもしれないことで室蘭市は一人の貴重な人材を失わないで済みました。彼のような人たちは少なくないと思うんです。今、人手不足だと言われていますよね。実際、仕事に就ける十五歳から六十四歳までの生産年齢人口は毎年約五十万人ずつ減っていて、完全失業率は二％台と歴史的な低水準です。でも、だれもがやりがいのある仕事に就けるかと言うと、地方では決してそんなことはありません。求人が多いのは非正規の雇用で、しかも単純労働が中心です。非正規の単純労働が悪いとは言いませんが、将来の展望を描くのはやはり難しいです。そんな**地方に新たな雇用の可能性が生まれてくれたら、若者も地方も今よりもずっと元気になりますよね**」

「J平くんの言っていることはよくわかるよ」

シブチン先生は深くうなずきました。

「企業は若者を単純労働、非正規雇用の労働者として便利に使ってきた。人手不足はそのつけが回ってきたとも言える。IRが新たなキャリアの道筋を示してくれれば、非正規で働く人たちの閉塞感は薄らぐと期待したいね」

「なんだか彼に会ってみたくなりましたね」

J平はそう言って笑みを浮かべ、コーヒーを口に運びました。

ＩＲは私たちの働き方を変える

「K子くんはどうかね」

「私は今回の調査を通して、ＩＲは私たちの働き方を変えるかもしれないと漠然と思っていました。今のＪ平くんの話を聞いて、ますますその可能性を強く感じるようになったわ」

「ほう、どういうことかな？」

シブチン先生とＪ平が顔に好奇心を浮かべました。

「『ワーケーション』という言葉をご存じですか？」

Ｊ平はかぶりを振りました。

「聞いたことがあるぞ。ワーケーションとは確か『ワーク』すなわち『働く』と、『バケーション』すなわち『休暇』を合わせた造語だったんじゃないかな？」

シブチン先生の言葉にK子は「その通りです」と返しました。

「風光明媚なリゾート地に滞在して、現地での生活や観光を楽しみながら、素晴しい環境のもとで働くことです。数年前からアメリカのＩＴ企業を中心に導入する企業が増え始めていて、ワーケーションという言葉自体もアメリカでは定着しつつあるそうです」

「なんだかうらやましいですね」

Ｊ平が言った。

「その通りね。しかも一口にワーケーションと言っても、その仕組みや働き方はいろいろなのよ。まず、社員が家族と一緒に好きなリゾート地に出かけて、一日のうちの一定時間、インターネットを使って社内の会議に参加したり、リポートを執筆・提出したりして仕事をする、言わば『働く休暇制度』としてのワーケーションがあります。

さらに企業がリゾート地のコテージやコンドミニアムを借りて、そこに社員が長期滞在して働く『リゾート地にスモールオフィスを設ける』タイプのワーケーションもあります。最近では高速インターネット回線やグループで仕事ができる共同スペースを用意して、ワーケーションの誘致に力を入れるホテルやコンドミニアムなどがアメリカで次々にオープンしているそうです」

「ＩＲができれば、日本でもワーケーションが広がるかもしれませんね」

「J平くん、その通りよ！　**IRの敷地内にあるコテージやホテルの部屋に社員が滞在して、エンタテインメントを楽しんだり、豊かな自然環境を満喫したりしながら仕事をする。そんな新しいワークスタイルを生み出せるんじゃないかしら。**

実は日本企業の中にも、ワーケーションを働き方改革に取り入れようとする動きが出てきているんです。夫に聞いたのですが、日本航空（ＪＡＬ）は二〇一七年から、パイロットや客室乗務員を除く全社員を対象にワーケーションを導入しています。国内や海外のリゾート地などで最大五日間の社外勤務を認め、その間は有給休暇には数えられず、もちろん給料も支払われます」

「ほう、面白いな」

シブチン先生は身を乗り出しました。

「その仕組みはこうです。例えば夏休み、妻と子どもたちがハワイに一週間の旅程で出かけることになったとします。その間、仕事があれば、これまでは泣く泣く海外旅行を諦めるしかありませんでしたが、二〇一七年以降はワーケーションを取得して同行できるようになりました。ハワイ滞在中は、朝から夕刻まではパソコンでデスクワークをしたり、電話会議システムを利用して会議に出席したりして、早朝や夕方以降は自由にレジャーや観光を楽しめるようになったんです。

ＪＡＬの取り組みはいわば『働く休暇制度』としてのワーケーションですね。ＩＲができれば社員がＩＲに長期滞在して働く『リゾート地にスモールオフィスを設ける』タイプのワーケーションも実現できるはずです」

「そう言えば、働く人たちがハッピーだと思っていると、仕事の能率が上がるという研究報告を読んだことがあります」

Ｊ平が言いました。

人は幸福を感じると生産性が上がる

「日立製作所・中央研究所の研究者たちが、お客への電話対応業務を行っているコールセンターのスタッフたちの『幸せ度』と製品の『受注率』の関係を調べたところ、スタッフたちの『幸せ度』が上がると『受注率』も上がるとわかったんです。どうやってスタッフたちの『幸せ度』を測ったかと言うと、スタッフたちの胸にセンサーをつけて、席に座ったり、同僚と話したりといった体の動きや揺れを計測して、スタッフたちが幸せを感じているかどうかの聞き取り調査と突き合わせてみたそうです。するとスタッフたちの動きにばらつきがあるほど、つまりそれぞれが思い思いの動きをしているほど、スタッフたちは『幸せ度』が高いとわかったと言うんです」

「興味深い話だな」

シブチン先生は何度もうなずきました。

「『雰囲気の良い職場は生産性が高い』と聞くと確かにそうだろうなと思っていたし、『ハッピーな時には能率が上がる』と言うのもこれまでの経験から実感としてわかっていた。それが数字で証明されたわけだな」

「日本企業はこれまで社員の幸せとか働く環境について欧米企業に比べると注意を払ってきませんでしたよね」

K子が続けます。

「夫は日本企業から外資系企業に転職しました。しばらくしてから夫は『社員が働く環境をより良くしていこうという意識は外資系企業の方が強い』と、感心したみたいに言っていました。日本企業の社員が欧米企業の社員より生産性が低い理由の一つはそんなところにもあるんじゃないでしょうか。ＯＥＣＤの調査では、日本のホワイトカラーの労働生産性は一九九四年からずっとアメリカやイギリスなどの先進七カ国中で最下位を続けていますよね」

「日本企業の低い生産性も、ＩＲによってワーケーションのような新しい働き方が広がれば向上するかもしれないと言うわけか」

「シブチン先生、その通りです！」

Ｋ子が手を叩くと、シブチン先生は照れたような笑みを浮かべ「最後は私だな」と言いました。

ＩＲは「コト消費」を統合したリゾート

「いささか大げさな言い方をすると、あと数年もすれば高齢者となる私のこれからの人生に、ＩＲは新たな楽しみを与えてくれるのではと期待しているんだよ。

〝コト消費〟という言葉を知っているだろう？　モノを所有する消費に対して、旅行やエンタテインメント、習い事などのサービスや体験を得る、つまり時間を楽しんだり有効に使ったりする消費のことだ。

モノ離れと言われ、洋服や自動車などのモノの売れ行きがかつてほど振るわないのとは対照的に、豪華列車や豪華客船で行く旅行が人気だったり、ユニバーサル・スタジオ・ジャパンのようなテーマパークが活況に湧いていたり、さらにはコンサートやフェスティバルなどのライブイベントの観客動員数が伸びていたりと、コト消費は右肩上がりで拡大している。その理由が近々還暦を迎える私にはよくわかるんだよ」

シブチン先生は遠くを見るような顔をしました。

「周知のように日本は高齢化では世界のトップランナーだ。全人口に占める六十五歳以上の人たちの割合は今や二十八％を超え、日本人の平均年齢は四十代後半に差し掛かっている。高齢化が進めば、時間の価値がますます高まるのは当然のことだろう？人生の残り時間が短くなれば、今この時を有意義に、あるいは楽しく過ごしたいと思うのはだれにとっても自然なことだ。私自身、時間というかけがえのない貴重な資産を大切に使いたいとつくづく思う。消費がモノからコトへと移るのは、だから不可逆的な変化なのだろうな」

「コト消費が盛り上がっている理由には、モノ余りもあるんじゃないでしょうか？」

J平が言いました。

「確かにそれもあるだろうね。さらに言えば、二〇一一年の東日本大震災以降、若い人たちの価値観の変化がますます際立ってきたのも無視できないと思う。今の二十代に対して、『貪欲にモノを消費、所有するライフスタイルに憧れるか？』と問えば、大多数は首を横に振るはずだ。大切なお金は自分の将来のために投資したり、仲間と豊かな時間を過ごしたりするために使いたい——それが多くの若者たちの本音だろう。いずれにしてもコト消費は今後ますます盛んになっていく。そこでＩＲだ」

「そうか！　ＩＲはまさにコト消費を提供する場だわ」

「Ｋ子くんの言う通りだ。**ＩＲは多種多様なコト消費を統合したリゾートだ。『国際会議に出席して見聞を広める』『エンタテインメントや芸術を観賞する』『スポーツを楽しむ』『美食を味わう』『自然と親しむ』『時にはカジノで非日常を体験する』——それらは時間というかけがえのない貴重な資産を大切に使いたいと思う人たちにとって魅力的な提案だ。**私としては多様な、そして、できれば既存のＩＲにはない新たなコト消費を日本のＩＲでは提案してもらいたいね。そして、それができれば世界の人たちを日本のＩＲに呼び寄せられると思う」

シブチン先生はコーヒーを一口飲み、続けました。

「先ほど日本は高齢化のトップランナーだと言ったが、日本を追いかけるように高齢化が進んでいる国々は少なくないんだ。高齢化率を見てみると、ヨーロッパではイタリアが二十三%を、ドイツが二十一%を超えている。フランスやイギリスは間もなく二十%に達すると見られている。さらにお隣の中国では高齢者がすでに一億人を超えており、二〇三〇年には二億人を超える見通しだ。つまり今後、世界中で、今この時を有意義に、あるいは楽しく過ごしたいコト消費の需要が拡大していくんだ。日本のIRが果たせる役割は大きいと思う」

「そのためにはどれだけ魅力的なコト消費のメニューを揃えられるかどうかが大事ですね」

J平が言った。

健全な経営による持続性が条件

「その通りだ。そして、それらの**メニューを継続して提供するだけでなく、飽きさせないために魅力を高めたり、新たなメニューを付け加えたりするためには、健全な経**

営によって利益を継続的に生まなければならない。優秀な経営陣による、しっかりした経営が必要だ」

「うまくいくかしら？」

「うまくいかないと困ります」

「うまくいく可能性はあると私は思うよ。なぜならK子くんが以前言った通り、IRは民間主体で地域経済の自立、地域振興を目指すプロジェクトだからだ。税金を基本的に使わず、内外から巨額の投資資金を呼び込んで統合型リゾートをつくり、アジアの富裕層を中心に外国人旅行者を呼び込む。カジノはそれを実現するための呼び水であり、かつ重要な収益源でもある。よく考えられたビジネスモデルだし、税金ではない民間のお金だから、ばらまきや無駄遣いをしない規律が働きやすい」

「本当によくこんな仕組みを思いつきましたよね」

J平が言い、シブチン先生が我が意を得たりとばかりに力強くうなずきました。

「追い詰められた地方自治体が行きついた、唯一無二の解と言っても大げさではないだろうね。地域経済の自立、地域振興と言うが、地域経済を担う企業は疲弊が目立ち、地域振興のための税収もままならない。『まちおこしのきっかけになる』と地域が期待したふるさと納税にしても、東京などから『税収を奪われてしまう』との反発に遭い、国が規制に乗り出してきた。このままでは財政難になり、教育や福祉などの行政サービスの提供やインフラの維持が困難になってしまう」

「地域に残された選択肢は民間資金を呼び込むか、それとも増税をするか……」

「K子くんの言う通りだよ。選択肢は民間資金か増税の二つしかない。しかし増税をしたら、それを嫌がって人も企業も流出し、経済、財政の落ち込みがいっそうの増税を招く悪循環にはまってしまうだろう。そんな未来は誰も望んでいない」

「だからこそIRがうまくいかないと困るんです」

J平が言いました。

「だったらうまくいくように我々はこれからも日本のIRを注視していこうじゃないか。そして、いつかまた集まって調査報告会を開こう。IRと日本の未来に乾杯だ」

シブチン先生とJ平、K子はコーヒーカップを掲げて乾杯し、三人は将来の再会を約束しました。


〈了〉

シブチン先生のIR講座

［特別編］

ゲーミング会社の横顔

一般的な日本の読者にはまだなじみの薄いゲーミング会社の横顔を紹介しましょう。世界には数多くのゲーミング会社があり、その規模も祖業（もともとの事業）も拠点もまさに多種多様です。

ここでは日本の自治体が構想するIRに強い関心を示しているゲーミング会社を紹介します。アメリカのラスベガスを拠点にゲーミング会社として長い歴史を持つ企業、レストラン・音楽関連産業という異業種からゲーミング事業に参入した企業、シンガポールのIRを運営する企業、香港・マカオを拠点とする企業——の４社です。

それらは規模や祖業、拠点がそれぞれ異なりますので、ゲーミング会社の多様性をご理解いただけるのではないかと思います。

内容については、ゲーミング会社に質問票を送付し、ご回答いただいた情報を中心に盛り込みました。主な施設や専門用語などについて若干、説明を加えています。また頁数（紙幅）の都合上、いただいたご回答の中で、どうしても割愛せざるを得ない情報もありました。ご協力いただいた皆様には、この場を借りて感謝するとともに、ご理解いただきたく申し上げます。

会社名	ハードロック・ インターナショナル Hard Rock International		
本社所在地	5701 Stirling Road, Davie Florida 33314 United States of America	設立年	1971年
代表者名	ジム・アレン（James Allen）会長		
直近の売上高（2018年）	非上場のため開示していないが、2019年5月のニューヨークでの記者会見でアレン会長は、2018年の総売上高は58億ドル（6380億円）と公表（1ドル＝110円で計算）。		

特徴、強み、アピールポイント

- 最大の特徴はカジノブランドではないこと。1971年にロンドンで1号店が開業し、創業48年を迎えたアメリカ料理のレストラン「ハードロックカフェ」を祖業とし、現在は70カ国超でレストランやホテル、ロックショップ（ロック関連のグッズショップ）、カジノなど200以上の施設を展開する。それらの施設は95%がノンゲーミングで、カジノ施設は5%（11軒）にとどまる。ハードロックカフェの高い知名度もあり、ハードロックの世界でのブランド認知度は75%に達する。
- また全てのホテルに託児施設を備え、子供向けのオリジナルキャラクターを開発するなどして、親子孫三世代が楽しめるリゾートを運営している。
- 日本への進出は早く、1983年にハードロックカフェの日本1号店が東京・六本木に開業し、現在では東京、横浜などに計6店舗を展開する。2017年に日本のIR市場への参入を目指し、日本法人のハードロック・ジャパンを設立した。

- 2016年に設立したハードロックヒールズ財団などを通して社会貢献活動を行い、日本でも聴覚障害者も音楽を楽しめる「SOUND HUG（サウンドハグ）」（抱きかかえることで音楽を視覚と振動で感じられる装置、筑波大学准教授の落合陽一氏が開発）を導入したコンサートなどを開催している。

主な施設

ハードロック・ハリウッド

500室のホテル、5つのレストラン、5500席のライブ会場、スパ、カジノなどを備えたアメリカ・フロリダ州南部のリゾートで年間700万人以上が訪れる。今年10月にはギターの形をした1274室の新たなホテル棟が完成予定。

ハードロック・プンタカナ

カリブ海に浮かぶドミニカ共和国のリゾートで、1790の客室を持つホテル、9つのレストラン、15のプール、カジノなどを備えている。宿泊客はレストランでの食事が無料。

ハードロックホテル＆カジノアトランティックシティ

ドナルド・トランプ大統領が1990年に約1000億円を投じて開設し、2016年に閉鎖されたカジノリゾート「トランプ・タージ・マハル・カジノリゾート」を買収して、2018年に開業した。カジノの他に11のレストラン、約2000室のホテル、5500人収容の劇場などがある。

セミノールハードロックホテル＆カジノタンパ

フロリダ州タンパにあるホテルとカジノの施設で、カジノの売り上げはラスベガスも含めて全米で1位。

ゲーミング以外の主な事業の概要

本書の出版時点で184軒のカフェ、237軒のロックショップ、6軒の音楽ライブハウス、28棟のホテルを運営している。

会社名	**シーザーズ・エンターテインメント** Caesars Entertainment		
本社所在地	One Caesars Palace Drive, Las Vegas, NV 89109 United States of America	設立年	1937年
代表者名	アンソニー・ロデオ（Anthony Rodio） CEO（最高経営責任者）		
直近の売上高（2018年）	売上高：83億9100万ドル（9230億1000万円） GGR（ゲーミング施設の売上高）：42億4700万ドル （4671億7000万円） （1ドル＝110円で計算）		

特徴、強み、アピールポイント

- 高いブランド力と、カジノだけではないMICE、エンタテインメント、飲食、小売りなど多角的な経営基盤を持つ。ラスベガスにある9つのIRを含め、5カ国で50を超えるホテル、リゾート、カジノを運営しており、世界各地から訪れる来場者は年間1億1500万人に達する。またMICEで高い実績を持ち、2000人を超える専任スタッフが年間1万6000件以上の会議、カンファレンス、イベントをサポートしている。従業員数は世界全体で約6万5000人、半数が女性社員で、雑誌『ラスベガス・レビュー・ジャーナル』などの調査では「最も働きやすい職場」に選ばれている。日本のIR市場への参入を目指し、日本支社シーザーズ・エンターテインメント・ジャパンを設立した。

- ギャンブル依存症対策として、「カジノでの勝率は必ず施設側に有利になるように設計されている」といったゲームの仕組みや、「ギャンブルは娯楽の一形態に過ぎない」という心構えを、ゲーミング会社が啓蒙・啓発するなどの「責任あるゲーミング(Responsible Gaming)プログラム」を、1980年代に業界で初めて確立した。

  (「責任あるゲーミング」あるいは「責任あるギャンブル」とは、「ギャンブルのリスクを客に知らせる」など、ギャンブル依存症を防ぐための社会的責任・活動のこと)

主な施設

シーザーズ・パレス

1966年にラスベガスに開業して以来、50年以上にわたって進化を遂げてきたIR。4000近くの客室を擁するホテル、4300席の劇場、25のレストラン、160店舗を展開する高級ショッピングモール、MICE施設、7つの屋外プール、ゴルフコース、5つの結婚式場などがある。

ハラーズ・レイクタホ、ハーヴェイズ・レイクタホ

シエラネバダ山を望むタホ湖畔に建つ山岳リゾートホテル。ナイトクラブやカジノ、プール、フィットネスセンター、レストランのほか、屋外コンサートが楽しめる7500席のライブステージがある。

ハラーズ・ニューオーリンズ

ルイジアナ州ニューオーリンズの中心に位置する、26階建て、450室のホテルを核とする都市型リゾートで、1999年に開業した。

ハラーズ・アトランティックシティ

アトランティックシティのマリーナに建つリゾートホテルで、アメリカ北東部で最大のMICE施設ハラーズ・ウォーターフロント・カンファレンス・センターを有している。

プラネットハリウッド・ラスベガス

ラスベガスにあるハリウッドをテーマとするリゾートで、客室2500のホテル、10のレストラン、ウェディングチャペル、スパ、7000席の劇場がある。

ゲーミング以外の主な事業の概要

IR業界では最大手のMICE施設運営者。シーザーズ・エンタテインメント・スタジオでTV番組や映画の製作、eスポーツ大会の開催などを手がける。またラスベガス中心地でカジノのないエンタテインメント施設、ザ・リンク・プロムナードを展開する。

会社名	ゲンティン・シンガポール Genting Singapore		
本社所在地	10 Sentosa Gateway, Resorts World Sentosa, Singapore 098270	設立年	1984年
代表者名	リム・コック・タイ（Lim Kok Thay）会長 タン・ヒーテック（Tan Hee Teck）社長		
直近の売上高（2018年度）	総売上高：25億4000万シンガポールドル（2032億円） GGR（ゲーミング施設の売上高）：約17億シンガポールドル（約1360億円） （1シンガポールドル＝80円で計算）		

特徴、強み、アピールポイント

- 30年以上にわたり世界各地でIRの開発と運営を行う。旗艦のIRである「リゾート・ワールド・セントーサ」は2010年の開業以来、本文でも触れたようにシンガポールの観光業および経済成長の牽引役となっている。TTG Asia（トラベル・トレード・ガゼット・アジア）が開催するTTGトラベルアワードでは8年連続でベストIR賞を受賞している。2019年4月、約3700億円の投資を伴う大規模な拡張計画を発表した。
- また本人や第三者によるカジノへの入場制限などの規制は、日本の自治体が構想するIRの手本ともなっている。
- ギャンブル依存症対策として、ゲンティン・シンガポールが導入している「レスポンシブル・ギャンブリング・イニシアティブ(Responsible Gambling initiatives「責任あるギャンブルを率先すること」の意)は、2015年にアジア太平洋地域のカジノで初めて、世界の認定機関(Responsible Gambling Council)から、レスポンシブル ギャンブリング チェック(RGチェック)の適格性認定を受けた。

(RGチェックとは「ギャンブルのリスクについて客に情報を提供しているか」など責任あるギャンブルをゲーミング会社が実践・率先しているかどうかをチェックし、認定する世界的な認証プログラム)

主な施設

リゾート・ワールド・セントーサ

本文で詳しく紹介した通り、2010年、リゾート地区として開発が進んでいたセントーサ島に開業したIR。東京ドーム約10個分の広大な敷地に、MICE施設、ホテル、ショッピングモール、カジノのほか、海洋歴史博物館や世界最大級の水族館シー・アクアリウム、世界的なテーマパークである「ユニバーサル・スタジオ・シンガポール」などが併設されている。

ゲーミング以外の主な事業の概要

アトラクション、MICE、ホテル、シアター、飲食商業施設

会社名	**ギャラクシー・エンターテインメント・グループ** Galaxy Entertainment Group		
本社所在地	22nd Floor, Wing On Centre, 111 Connaught Road Central, Hong Kong	設立年	1988年
代表者名	**ルイ・チェ・ウー(Lui Che Woo)会長**		
直近の売上高(2018年度)	総売上高:552億香港ドル(7728億円) (1香港ドル=14円で計算)		

特徴、強み、アピールポイント

- 略称はGEG、香港に本社を置き、「世界レベルでアジアのおもてなしを」というサービス哲学のもとマカオ市場のリーディング企業としてリゾート、カジノ、エンタテインメント施設などを展開している。
- 2011年に開業した旗艦の施設ギャラクシー・マカオは世界最大級のIRで、3500室超の5つのホテル、120店の飲食店、200店を超えるブランドショップなどの小売店、ビーチやプールを備えた8万平方メートルのグランドリゾートデッキなどがある。
- 2014年に日本オフィスを設立し、2018年に株式会社(Galaxy Entertainment Japan株式会社)とした。

- またモナコ公国で150年以上の歴史を持つ、世界初のIRと言われるモンテカルロ・ソシエ・デ・バン・ドゥ・メールと日本のIR市場への参入を見すえた戦略的パートナーシップを結んでいる。

主な施設

ギャラクシー・マカオ

マカオでは初めての本格的なファミリー向けIRで、ザ・リッツ・カールトンマカオやホテルオークラ・マカオなど5つのホテルが開業しており、総客室数は3500以上。中心部に約8万平方メートルのグランドリゾートデッキがあり、ショッピングや食事、エンタテインメントなどを提供する。

スターワールド・マカオ

2006年にマカオ半島の中心部に開業した39階建て、グループ初の5つ星ホテル。レストランやエンタテインメント施設、VIP客向けの専用スペースを設けている。

ブロードウェイ・マカオ

320室のホテル、3000席の劇場、マカオ料理・アジア料理を提供する40店舗以上の屋台スタイルの飲食店などが集まる施設で2015年に開業。

ゲーミング以外の主な事業の概要

ホテル、リゾート、小売業、エンタテインメント関連、劇場、レストラン・フード事業などを展開している。

渋谷和宏（しぶや・かずひろ）／シブチン先生

1959年12月、横浜市生まれ。経済ジャーナリスト、作家。大正大学表現学部客員教授。1984年4月、日経BP社入社。日経ビジネス副編集長などを経て2002年4月『日経ビジネスアソシエ』を創刊、編集長に就任。ビジネス局長、日経BP net総編集長などを務めた後、2014年3月末、日経BP社を退職、独立。1997年に情報ミステリー小説『銹色（さびいろ）の警鐘』（中央公論新社）で作家デビュー。経済ノンフィクション『稲盛和夫独占に挑む』（日本経済新聞出版社）などをペンネーム渋沢和樹で執筆。また、ペンネーム井伏洋介として青春群像小説『月曜の朝、ぼくたちは』（幻冬舎）など。本名（渋谷和宏）としては『文章は読むだけで上手くなる』（PHPビジネス新書）、『東京ランナーズ』（KADOKAWA）などがある。『シューイチ』（日本テレビ）などコメンテーターとしても活躍中。

「IR」はニッポンを救う!

カジノ？ それとも超大型リゾート？

2019年6月20日　第1刷発行
2019年7月29日　第3刷発行

著　者　渋谷和宏
発行者　鉄尾周一
発行所　株式会社マガジンハウス
〒104-8003　東京都中央区銀座3-13-10
書籍編集部　☎03-3545-7030
受注センター　☎049-275-1811

印刷・製本所　大日本印刷株式会社
ブックデザイン　小口翔平＋山之口正和＋永井里実（tobufune）
イラスト　髙柳浩太郎
図表制作　hachiii（Table Magazines）
写真提供　アマナイメージズ（P042、P043）

ISBN978-4-8387-3057-5 C0033